응답받는
기도의 비결
17가지

응답받는
기도의 비결
17가지

- 초판 1쇄 발행 2016년 11월 10일
- 초판 3쇄 발행 2020년 10월 2일

- 지은이 안희환
- 펴낸이 조유선
- 펴낸곳 누가출판사

- 등록번호 제315-2013-000030호
- 등록일자 2013. 5. 7.
- 주소 서울특별시 공항대로 59다길 276 (염창동)
- 전화 02-826-8802 팩스 02-6455-8805

- 정가 13,000원
- ISBN 979-11-85677-16-3 03230

＊파본은 교환해 드립니다.
＊이 출판물은 저작권법에 의해 보호를 받는 저작물이므로 무단 복제할 수 없습니다.
＊독자의 의견을 기다립니다.
＊sunvision1@hanmail.net

그리스도인들에게 전해주는 기도응답의 비결

응답받는 기도의 비결 17가지

안희환 지음

출판사
누가

차례

들어가는 글 ·· 6

1장. 믿고 구하는 것은 다 받으리라

01. 응답을 믿고 기도하라 ································ 23
02. 끈질기게 기도하라 ····································· 33
03. 말씀을 붙잡고 기도하라 ···························· 44
04. 전력을 다해 기도하라 ································ 55
05. 죄를 해결하고 기도하라 ···························· 68
06. 예수님 안에 거하라 ···································· 81

 2장 네 입을 크게 열라
내가 채우리라

07. 보혈을 의지하여 기도하라 ·············· 95
08. 성령 충만을 구하라 ·················· 104
09. 감사하면서 기도하라 ················· 118
10. 감동이 오면 순종하라 ················· 131
11. 마귀를 대적하며 기도하라 ·············· 144
12. 입을 크게 열고 기도하라 ··············· 156

 3장 구하라 그리하면 받으리니
너희 기쁨이 충만하리라

13. 금식하며 기도하라 ··················· 171
14. 서원하며 기도하라 ··················· 184
15. 합심하여 기도하라 ··················· 197
16. 예수 이름으로 기도하라 ················ 210
17. 먼저 하나님의 나라를 구하라 ············ 222

나오는 글 ·························· 237

들어가는 글

  이 글을 읽는 독자들이 웃을지 모르지만 중고등학교 시절 내게 있던 큰 고민거리는 '나도 장가를 갈 수 있을까!' 하는 것이었습니다. 결혼이 남들에게는 당연한 일이겠지만 내게 있어서는 아주 특별한 일이었습니다. 아무리 생각해봐도 저 같은 처지에 있는 총각에게 시집오려는 아가씨는 없겠다는 생각이 들었습니다. 곱게 키워 눈에 넣어도 아프지 않을 소중한 딸을 줄 부모가 있을 리가 없겠다는 생각이 들었던 것입니다.

***

  우리 가족은 안양천 둑을 따라 형성된 판자촌에서 살았습니다. 세상살이에 실패하고 밑바닥으로 굴러 떨어진 사람들이 여기저기서 모여들어 뒤엉켜 하루하루를 살아가는 더럽고 허름한 동네였습니다. 건축허가 없이 대충 짓고 대충 살던 판잣집들은 주소가 따로 없었습니다. 당시에 우리 주소는 "경기도 광명시 소하읍 소하 5리 500번지"였는데 근처의 모든 집이 같은 주소를 사용했습니다. 똑같은 주소에 대략 200~300여 명이 모여 살았던 덕분에 우편배달원이 일일이 사람들의 이름과 얼굴과 집을

_ 들어가는 글

확인하고 편지를 전해주어야 했습니다.

   판자촌에서는 불편한 것이 한두 가지가 아니겠지만 가장 불편한 문제는 화장실이었습니다. 화장실이 집집마다 있지 않고 집에서 멀리 떨어져 있었는데 그것도 앞뒤가 트인 화장실 두 개를 여러 집이 공동으로 사용해야 했습니다. 그래서 사람들이 몰리는 아침 무렵에는 아무리 급해도 꾹 참고 먼저 들어간 사람이 나오기를 기다려야 했습니다. 가로등이 없었기 때문에 한밤중에, 혹은 달이나 별이 뜨지 않아 특히 어둔 밤에 화장실에 가야 할 때는 조심해야 합니다. 저도 밤에 화장실에 가다가 죽을 뻔한 적이 있었습니다. 밤중에 급하게 화장실로 달려가던 중 갑자기 줄에 목이 걸렸고, 뛰어가던 몸이 균형을 잃고 뒤로 나자빠지면서 뒷머리를 땅바닥에 세게 부딪혔습니다. 빨래를 다 말린 뒤에 빨랫줄도 함께 거둬가야 하는데 깜빡 잊고 빨랫줄을 그대로 내버려둬서 벌어진 일이었습니다.

   판자촌 화장실이라는 것이 그저 구덩이를 깊이 파고 얇은 판자로 대충대충 칸을 막아서 만든 것입니다. 겨울철에는 찬바람이 그대로 들어와 용변을 볼 때 한낮에도 덜덜 떨어야 했습니다. 그래서 밤이 깊거나 잠자리에든 뒤에는 웬만하면 화장실을 가지 않으려고 참습니다. 어쩔 수 없이 화장실에 가야 한다면 낡은 옷을 잔뜩 껴입고 가야 했습니다. 그러니 이런 집에 누가 시집오려 할까요?

밤이나 겨울보다 더 힘든 상황에 처할 때도 있습니다. 안양천은 장마철에 범람해서 침수피해를 자주 일으켰는데 둑을 따라 세워진 판자촌은 오죽했겠습니까? 장맛비가 쏟아져 물이 안양천을 넘치기 시작하면 순식간에 온 동네가 침수되어 물이 허리까지 찹니다. 갑자기 방안으로 밀려들어온 물에 자다가 급히 일어나 '서면초등학교'나 '안서중학교'로 대피한 적도 있습니다. 이렇게 물이 범람해서 물이 차면 가장 먼저 재래식 화장실 안에 있던 오물들과 쓰레기들이 물에 섞여 마구 떠다닙니다. 말할 것도 없이 집안까지 흘러들어옵니다. 물이 빠진 뒤에는 골목이든 집안이든 온통 오물투성이가 됩니다. 위생상태가 나쁠 수밖에 없어서 부스럼 같은 피부병에 자주 걸렸습니다. 수십 년이 지난 후에 우연히 동창을 만났는데, 그 당시에 제 몸에서 오물냄새가 나곤 했었다는 말을 합니다. 그러니 당시에 제가 결혼을 걱정하는 것은 당연하지 않을까요?

그런데 가난하고 허름한 판자촌에서 산다는 것보다 훨씬 더 큰 문제가 내게 있었습니다. 저는 불구자였다는 점입니다. 사실 불구로 태어나지는 않았습니다. 몸이 약해서 자주 병치레를 할 정도로 몸이 허약하기는 했지만 온전한 몸으로 태어났습니다. 열심히 뛰어다니며 놀기도 했습니다. 그러던 내가 어느 날 불구의 몸이 된 것입니다.

어린 시절에 아버지는 경제 능력이 없으셨습니다. 그런 아버

_ 들어가는 글

지 대신에 어머니가 허드레 일을 하셨습니다. 어머니는 여름 땡볕에도 남의 밭에 나가 풀을 뽑아주고 푼돈을 버셨습니다. 그렇게 번 돈은 우리 식구가 굶어죽지 않게 먹고사는 데만도 벅찼습니다. 우리 사 남매는 학교에 준비물을 사갈 형편이 되지 못했습니다. 그래서 수업에 참석하지도 못 한 채 교실 밖에서 벌을 서곤 했습니다. 저는 장남이었습니다. 그래서 일거리를 찾았습니다. 초등학생 때는 밭에 나가 무를 뽑기도 했고 시장에서 신문지를 깔고 앉아 시금치를 팔기도 했습니다. 자장면이 먹고 싶으면 시장에서 자장면 재료를 사다가 요리를 해서 동생들과 나눠먹었습니다. 동생들과 함께 먹었던 그 맛은 상상을 초월할 정도로 좋았습니다.

본격적인 돈벌이는 신문배달이었습니다. 동아일보 지국에 찾아가 신문배달 일을 하게 해달라고 사정했는데 초등학생인 저를 채용해주었습니다. 처음에 신문 돌릴 때는 자전거가 없어서 신문 뭉치를 옆구리에 끼고 다녔습니다. 아침에 돌려야 할 신문 뭉치는 결코 가볍지 않았습니다. 그렇다고 신문 뭉치를 골목 어귀나 길가에 내려놓은 채, 한 부씩 들고 가서 신문 보는 집에 갖다 줄 수도 없었습니다. 신문을 배달하는 사이에 지나가던 사람이 돈 되는 신문뭉치를 집어가 버리면 큰일이니까요.

겨울에 눈이 내리는 날은 신문 돌리기가 참 힘들었습니다. 정원수를 많이 심어놓은 집에 신문 배달할 때는 나무 사이에 쌓인 눈을 뚫고 가는 것이 곤욕이었습니다. 지금 생각해보면 그때 제가 초등학생이고 체구가 작았기 때문에 더 힘들었던 것 같습니다. 눈 사이로 몸을 밀고 가는데 눈 역시 결코 가볍지 않다는 것을 온몸으로 실감했습니다. 손은 시렵고, 몸은 더디게 나아가고, 돌려야 할 신문은 많고… 몸도 마음도 힘들었습니다.

한번은 어느 집에 신문을 넣어주는데 개가 짖으며 달려오더니 제 다리를 물었습니다. 주인이 개를 묶어놓지 않은 것입니다. 물린 통증에 저는 비명을 질렀고 주인이 나와서 개를 떼어 놓았습니다. 다리에서는 피가 줄줄 흘렀습니다. 주인이 미안하다며 약을 사먹으라고 천원을 주었습니다. 그 돈을 받는 순간, 너무 좋아서 아픈 것도 잊었습니다. 그 당시 한 달 내내 신문을 돌리면 1만 5천 원을 받았습니다. 그러니 천 원이면 이틀 신문을 돌려야 벌 수 있는 돈입니다. 저는 그 돈으로 약을 사지 않고 그동안 먹고 싶었던 과자를 사먹었습니다. 그 후로 저를 문 그 개가 다시 물어주기를 얼마나 기다렸는지 모릅니다. 개에게 물리면 그 주인이 과자 사먹을 돈을 줄테니까요.

그렇게 초등학교를 졸업하고 중학생이 되었습니다. 중고 자전거를 하나 구했을 때는 정말 하늘을 날듯이 기뻤습니다. 이제 무거운 신문 뭉치를 옆구리에 끼지 않아도 됩니다. 걷고 뛰는 속도보다 자전거가 빠르고 힘도 덜 듭니다. 신문을 더 많이 돌릴 수 있었습니다. 학교 수업을 마치면 자전거 페달을 신나게 밟으며

_들어가는 글

신문 지국으로 갔습니다.

　1983년 3월 14일, 제가 결코 잊을 수 없는 날입니다. 중학교에 입학한지 10일도 지나기 전인 이날도 자전거를 타고 동아일보 지국으로 향했습니다. 왕복 2차선 도로에서 제 앞을 달리던 커다란 덤프트럭이 멈춰 섰습니다. 도로 오른 쪽에는 도랑물이 있어서 그쪽으로 지나가면 흙탕물에 옷이 젖을 것 같았습니다. 그렇다고 트럭 왼쪽으로 가자니 중앙선을 넘어야 하는데, 언제 차가 달려올지 겁이 났습니다.

　그런데 한참을 기다려도 트럭이 출발을 하지 않았습니다. 지국에 늦게 도착하게 될까봐 걱정이 되기 시작했습니다. 그 시절에는 군기라는 것이 있었습니다. 지각하거나, 일을 제대로 못하거나, 사고를 치면 형들이 기합을 주거나 엎드려뻗쳐를 시켜놓고 대걸레 자루로 엉덩이를 사정없이 때리곤 했습니다. '형들에게 두들겨 맞을까'하는 두려움이 점점 커졌습니다. 트럭이 출발하기를 더 이상 기다릴 수가 없어서 왼쪽의 중앙선을 넘어 트럭을 지나쳐 가는데 그때 반대편 차선에서 덤프트럭이 달려왔습니다. 난생처음 교통사고를 당했습니다. 저는 트럭에 치여 바닥에 나동그라졌습니다. 정신이 하나도 없었습니다.

　그런데 도무지 믿어지지 않는 일이 벌어졌습니다. 저를 치고서 멈춘 덤프트럭이 제 쪽으로 후진을 했습니다. 덤프트럭의 커다란 뒷바퀴가 먼저 제 자전거를 밟아서 박살을 낸 다음에는 제 왼팔을 깔고 지나갔습니다. 제 팔은 그 자리에서 으스러지고 말았습니다. 만일 머리나 몸이 바퀴에 깔렸다면 즉사했을 것입니다. 저는 아직도 그 덤프트럭이 왜 후진했는지 이해가 되지 않습니다.

어처구니없는 황당한 사고를 당했지만 저는 정신을 잃지 않았습니다. 살과 뼈가 다 으스러진 채 옷과 힘줄 때문에 축 늘어진 왼쪽 팔을 붙잡고 일어섰습니다. 왼쪽 팔에서는 피가 대책 없이 뿜어져 나왔습니다. 아직 운전석에 앉아 있던 아저씨를 향해 병원에 데려가 달라고 부탁했습니다. 다행히 기사 아저씨는 저를 병원으로 데려 갔고 저는 병원에서 의식을 잃었습니다. 만일 병원에 조금만 늦게 도착했다면 저는 과다출혈로 죽었을 것입니다. 의식을 회복하고 보니 왼쪽 팔이 어깨 아래 부분부터 잘려서 없어졌습니다. 덤프트럭의 뒷바퀴에 팔 전체가 모조리 으스러져서 살려낼 방법이 없었다고 합니다. 졸지에 저는 불구의 몸이 되고 말았습니다. 수술 직후에는 진통제를 계속 주입한 탓에 통증을 견딜 수 있지만 진통제를 줄여가면서는 통증이 점점 더 커져 견디기가 너무 힘들었습니다. 중학교 1학년짜리가 감당하기엔 너무나 큰 아픔이었습니다.

아프고 힘들었던 이야기는 그 정도로 하고 다시 장가가는 이야기로 돌아가겠습니다. 어떤 부모도 결코 자기 딸을 시집보내고 싶지 않을 동네 판자촌에 산다는 것만으로도 막막한데 몸까지 불구가 되었으니 도대체 누가 귀한 딸을 저와 같은 사람에게 시집보내려 할까요? 중고등학생이 결혼을 걱정한다는 것이 특이하겠지만 아무튼 그 당시 저의 처지는 몹시 불우했고 제 인생길에 대해 심각하게 고민했습니다.

해결책은 하나님께 매달리는 것 밖에 없었습니다. 저는 전능하신 하나님께 기도하기로 마음을 먹었습니다. 말 그대로 "전능하신" 하나님께 기도하는 것입니다. 하나님은 전능하시니 저 같은 사람이 장가를 간다고 하는 불가능할 것같은 일조차도 가능하게 할 수 있을 것이라고 생각했습니다. 제게 딱 맞는 좋은 아내를 허락해달라고 하나님께 부르짖어 기도했습니다.

대다수의 중고등학생들이 그렇듯이 저 역시 여학생들에게 관심이 있었습니다. 함께 만나 이야기도 나누고 싶었고 데이트도 하고 싶었습니다. 그러나 내성적이고 소심하고 가난한 저로서는 엄두도 내지 못할 일이었습니다. 남녀공학이었던 중학교였음에도 불구하고 저는 여학생들에게 제대로 말조차 건네 보지도 못하며 지냈습니다.

그나마 여학생들을 만날 수 있는 곳이 교회였습니다. 판자촌 아이답게 예배당 뒷부분에 천막을 친 교회를 다녔습니다. 초라한 교회였지만 학생들이 꽤 많았습니다. 그 절반이 훨씬 넘는 숫자의 여학생들이 있었습니다. 그 가운데는 눈이 가는 여학생도 있었습니다. 하지만 저는 여학생들의 관심을 끌지 못했습니다.

여학생들은 제 친구인 '선'이와 '섭'이라는 쌍둥이 형제에게 관심이 많았습니다. 이 친구들은 교회 담임목사님의 둘째와 셋째 아들인데다가 운동을 상당히 잘했습니다. '선'이와 '섭'이가 운동장에서 땀을 흘리며 힘차게 공을 몰고 달리면 여학생들은 그 모습을 멋지게 바라보았던 것입니다.

반면에 저는 운동을 제대로 할 수가 없었습니다. 공을 몰고 가다가 다른 아이들과 몸싸움이 벌어지기라도 하면 저는 부딪힌 곳이 아니라 팔이 잘려나간 곳이 아파서 뒹굴어야 했기 때문입니다. 이전에는 얼마든지 가능했던 몸놀림이 이제는 할 수 없게 되고 말았습니다. 저는 점점 운동장에서 멀어졌고 구석에 앉아 있는 시간이 차츰 많아졌습니다.

'선'이와 '섭'이는 기타를 잘 쳤습니다. 기타를 치며 찬양을 부르면 주변에 여학생들이 몰려들었고, 함께 앉아 찬양을 부르곤 했습니다. 이런 것들은 그 두 친구들에게는 특별한 일이 아니었겠지만 제게는 참 부러운 광경이었습니다. 그러나 저는 팔이 하나 없기 때문에 기타를 배울 수도 연주할 수도 없었습니다. '선'이와 '섭'이를 따르는 여학생들은 늘 있었지만 제 주변에는 여학생들이 하나도 없었습니다. 그 당시에는 그게 많이 서운했습니다.

대학에 들어가서도 제 상황은 변하지 않았습니다. 캠퍼스 커플들이 생겨나고, 축제 때가 되면 커플들은 축제를 즐기며 추억을 만들었지만 저와는 전혀 상관없는 일이었습니다. 저는 평일이든 축제 기간이든 그저 도서관에 틀어박혀서 책을 읽었습니다. 책을 읽는 것을 좋아하긴 했지만 축제 기간엔 달리 선택의 여지가 없었고, 그 때문에 마음이 허전했습니다.

이십대 중반이 넘어가면서 제 기도는 점점 더 강열해졌습니다. "하나님! 전능하신 하나님! 제게도 짝을 주시옵소서! 제게도 배필을 허락해주시옵소서!"라고 기도했습니다. 지금 당장 교제를 할 수는 없어도 나중에 하나님이 아내를 주시면 되니까 말입니다. 제가 할 수 있는 가장 강력한 수단은 기도뿐이었습니다. 하나님께 매달리고 또 매달렸습니다. 그러나 애인은 둘째 치고 여자 친구 한 명 없이 이십대 후반이 되었습니다. 그래도 기도를 중단하지 않았습니다. 하나님께서 "너는 평생 혼자 살아라. 그게 내 뜻이다."라고 말씀하신 적이 없으니 제가 먼저 포기할 필요는 없으니까 말입니다. 저는 "전능하신" 하나님께 모든 것을 맡기고 더 더 더 기도할 뿐이었습니다.

그렇게 서른 살이 되었고, 지금의 아내와 교제를 하게 되었습니다. 아내의 가장 좋은 점은 성격이 밝다는 것이었습니다. 오랜 세월 어둡게만 살아왔던 저였기에, 까르르 웃으며 늘 밝게 사는 아내의 모습 그 자체에 저는 정말 매혹되었습니다. 게다가 아내는 피아노를 잘 쳤습니다. 신학을 공부하고 목회를 준비하는 사람에게는 피아노를 잘 치는 아가씨가 최고의 배우자감으로 여겨지던 때였고 저 역시 그런 마음이 없지 않았습니다.

우리 둘은 틈만 나면 붙어 다녔습니다. 만나는 장소는 주로 도서관이었습니다. 함께 공부를 하다가 손을 잡고 도서관 주변을 산책하는 것이 데이트의 전부이다시피 했지만 그것만으로도 충분했습니다. 도서관에서 라면이나 밥을 사먹는 것이 전부였습니다. 영화를 보러간 적도 없었습니다. 그저 산책만 죽어라 다녔지만 정말 행복했습니다.

후회되는 것이 없지는 않습니다. 화이트 데이에 남들처럼 멋진 선물을 예쁘게 포장해서 주지 못하고 천 원짜리 사탕 한 통을 슬쩍 내밀었던 일, 좋은 식당에 한 번도 데려가지 않고 겨우 루팡이라는 음식점에서 3천 5백 원짜리 돈가스를 한 번 사준 것이 전부인 것, 카페에 단 한 번도 데려가지 못한 것, 놀이공원이나 유원지 등 재미있게 놀 수 있는 곳에 단 한 번도 가지 못한 것 등은 아쉽고 미안한 일입니다.

그래도 행복한 교제를 나눴습니다. 그러다가 결혼을 생각하니 저에게는 큰 짐이 있었습니다. 저에게 시집오면 고생할 것이 너무나 뻔했기 때문입니다. 저는 오른 손에 물건을 들면 문을 열 수가 없을 때가 많습니다. 손잡이를 돌려 문을 열어야 할 경우 물건을 내려놓고 손잡이를 돌려 문을 열고나서 짐을 다시 들어야 합니다. 그런데 그 사이에 문이 도로 닫히곤 합니다. 결국 누군가가 와서 문을 열어줄 때까지 계속 그 자리에 서서 기다리고 있을 수밖에 없습니다.

_ 들어가는 글

　옷걸이나 액자를 걸기 위해 못을 박는 것도 제가 할 수 없는 일입니다. 못을 잡으면 망치를 잡을 수 없고, 망치를 잡으면 못을 잡을 수 없습니다. 그렇다고 손으로 못을 붙잡고 이마로 못을 박을 수는 없는 일입니다. 못 박는 일조차 모두 아내의 몫이 됩니다. 이 뿐만 아닙니다. 저는 쌀부대를 들지 못합니다. 우리 집이 3층에 있을 때 엘리베이터가 없었습니다. 그래서 10kg짜리 쌀부대를 짊어지고 3층까지 올라가는 것은 아내의 몫이었습니다. 쌀부대뿐이겠습니까? 한 손으로 들 수 없는 모든 짐은 전적으로 아내 몫입니다.
　아내가 아기를 낳아도 저는 아기를 안아줄 수가 없습니다. 아직 목을 가누지 못하는 아기를 안을 때는 한 손으로 등을 받치고 다른 한 손으로 머리를 받쳐주어야 합니다. 그런데 저는 손이 하나뿐이니 아기의 등을 받치면 목을 받쳐줄 손이 없어 아기가 다칠 위험이 너무 큽니다. 그렇다고 아기 목을 잡아 들어 올릴 수도 없으니 아기를 안아주고 싶은 마음을 비워야 합니다.
　사실 손톱 깎는 일처럼 간단한 일도 저 혼자서는 하기 어렵습니다. 왼손으로 오른손 손톱을 깎아야 하는데 왼손이 없는 저는 그렇게 할 수가 없습니다. 결국 아내가 제 손톱을 깎아줘야 합니다. 아내가 삐지면 제 손톱은 길어질 수밖에 없습니다.
　저의 불구는 저 혼자 불편한 것으로 끝나지 않습니다. 결혼을 한 뒤에는 아내가 아주 많은 힘겨운 짐들을 감당하고 불편을 감수해야 합니다. 그래서 저는 아내에게 결혼하자는 말을 꺼내기가 정말 쉽지 않았습니다. 그렇다고 마냥 그대로 있을 수만도 없었기에 용기를 냈습니다. 만약 아내가 망설이는 기색을 보이거나 자신 없다는 말을 하면 깨끗하게 놔줄 생각을 하고 결혼 이야기를 꺼낸 뒤 바짝 긴장한 상태로 대답을 기다렸습니다.

"나에게 시집오면 고생할 텐데 그래도 시집올래?"
"전도사님, 제가 전도사님의 한 팔이 되어 드릴게요."

이 말에 저는 얼마나 감동을 받았는지 모릅니다. 저는 아내의 고백으로 시를 썼습니다. 수필도 한 편 썼습니다. 마침내 저는 아내와 결혼을 하게 되었습니다. 제 어릴 때부터의 기도는 확실하게 응답받았습니다.

아내는 정말 제 한 팔이 되어 주었습니다. 지금도 아내는 거의 매주 외부 집회로 바쁘고 피곤한 저를 위해서 기꺼이 운전기사가 되어 주고 있습니다. 전라도 광주에서 집회 인도를 하면 광주까지 운전을 해준 뒤에 자신은 KTX를 타고 서울로 돌아갑니다. 제가 집회를 마치는 날에 다시 KTX를 타고 내려와서 제 차를 운전해줍니다. 집회 지역이 구미일 때도, 대전일 때도 그렇습니다. 당일로 다녀오는 경우에는 그날 하루 종일 같이 있으면서 운전해줍니다.

아내는 형광등을 교체하는 것도, 세면대를 교체하는 것도, 변기를 수리하는 것도, 다 혼자서 합니다. 저는 옆에서 잔심부름을

_들어가는 글

하는 것이 전부입니다. 아내는 짜증을 낼 수밖에 없을 텐데도 언제나 기쁨으로 감당합니다. "이럴 줄 알았으면 수리공이 될 걸 그랬어요." 하면서 웃는 아내의 모습을 볼 때마다 제 마음은 감사로 가득 찹니다.

7년 전 쯤에 "'전도사님, 제가 전도사님의 한 팔이 되어 드릴게요.'라고 했었지? 내가 그 말 평생 못 잊을 거야.'"라고 아내에게 말한 적이 있습니다. 그러자 아내가 "목사님, 그때는 제가 제 정신이 아니었어요."라고 대답하더군요. 저는 제 아내를 제 정신이 아니게 만들어주신 하나님을 찬양합니다. 이제 제 정신을 차렸을지는 모르지만 아이들도 다 컸고, 지금의 아내를 향해 프러포즈할 총각이 없을 테니 아무 문제없습니다. 오랜 세월이 걸친 기도였지만 제 기도에 응답해주신 "전능하신" 하나님께 감사를 드립니다.

※※※

위의 이야기는 제가 응답받은 기도 내용의 극히 일부분입니다. 앞으로 다양한 기도 응답의 내용들을 이야기할 것입니다. 또한 그것이 어떤 성경적 근거를 가지고 있는지도 말씀드리겠습니다. 단 이 책에서는 기도의 정의(기도란 무엇인가?), 기도의 내용(무엇을 기도할 것인가?), 기도의 우선순위(무엇을 먼저 기도하고 어떤 순서로 기도할 것인가?), 기도의 방법(어떤 방법으로 기도할 것인가?) 같은 것들은 다루지 않겠습니다. 단지, 응답받는 비결에 대해서

만 집중적으로 다루겠습니다. 이 책을 읽고 기도에 대해 다시 생각하게 되고 더욱 기도하게 되며, 그로 인해서 기도 응답을 받는 사람들이 더 많이 생겨날 것이라고 확신합니다.

1장

믿고 구하는 것은
다 받으리라

(마 21:22)

01

응답을 믿고
기도하라

너희가 기도할 때에 무엇이든지 믿고 구하는 것은
다 받으리라 하시니라

마 21:22

　홍일권 목사님이 쓰신 책 중에「오만 번 응답받은 뮬러의 기도 비결」이라는 책이 있습니다. 무심하게 지나쳤던 제목인데 어느 날 문득 "오만 번"이라는 제목에 마음이 끌렸습니다. 만일 한 주에 한 가지씩만이라도 기도응답을 받는다면 정말 기쁠 것입니다. 기도응답의 간증거리가 차고 넘칠 것입니다.

　그렇게 한 주에 한 번씩만 응답을 받는다면 일 년에 모두 오십이 번을 응답받습니다. 두 번은 빼고 오십 번이라고 해보겠습니다. 십 년이면 오백 번 응답을 받습니다. 백 년이면 오천 번을 응답받습니다. 결국 일주일에 한 번씩 응답을 받더라도 오만 번 응답받으려면 천 년을 살아야 합니다. 백 년에 걸쳐 오만 번 응답을 받으려면 매주 열 번씩 받아야 합니다.

도대체 죠지 뮬러는 어떻게 기도했기에 그렇게 엄청난 응답을 받았을까요? 죠지 뮬러의 기도 특징은 한마디로 '믿음의 기도'라는 것에 있습니다. 뮬러는 상황이 어떻든 처지가 어떻든 하나님께 기도해야 한다는 것에 대해서는 추호도 의심하지 않았습니다. 기도하면 하나님께서 반드시 들으신다고 확신했습니다. 이 믿음으로 수많은 고아들을 돌볼 수 있었습니다.

고아원 직원이 음식이 다 떨어졌다고 호들갑을 떠는 상황에서도 죠지 뮬러는 조금도 염려하지 않았습니다. 아이들을 식당에 모아놓고 일용할 양식을 주시는 하나님께 감사 기도를 드렸습니다. 빈 접시를 앞에 둔 아이들의 눈이 커졌을 것입니다. 접시를 뜯어먹으란 말인가? 아니면 포크를 씹어 먹으란 말인가? 의아했을 것입니다.

기도를 마칠 때 누군가가 고아원을 찾아 왔습니다. 우유를 싣고 가던 수레가 고아원 근처에서 고장이 났는데 우유를 버리기가 아까워서 고아원으로 찾아온 것입니다. 마실 것이 해결되는 순간이었습니다. 이어서 또 누군가가 찾아왔습니다. 빵집 주인이 밤에 빵을 만들어야겠다는 생각에 빵을 실컷 만들었는데 너무 많이 만든 까닭에 남는 빵을 가져온 것입니다. 먹을 것이 해결되는 순간이었습니다.

재미있으면서도 감동적인 일들이 참 많은데 한 가지만 더 언급하려고 합니다. 역시 음식이 다 떨어졌는데 죠지 뮬러는 요동

01_ 응답을 믿고 기도하라

하지 않습니다. 기도하는 것마다 하나님이 응답하실 줄 믿기 때문입니다. 이번에는 호텔의 고급 음식이 들어왔습니다. 호텔에서 행사가 예약되었고 손님들을 위한 음식을 다 준비했는데 부득이한 사정으로 행사가 취소되었습니다. 그래서 준비한 음식을 고아원에 가져오게 된 것입니다.

***

제가 교회를 개척할 때 아내에게 "우리, 하나님이 주시면 먹고, 주시지 않으면 금식하자. 사람들에게 손 내밀지 말고 오직 하나님께만 기도하자."라고 제안했습니다. 죠지 뮬러, 허드슨 테일러, 리즈 하월즈의 하나님은 나의 하나님이시기도 합니다. '이들에게 역사하신 하나님이 내게 역사하지 않을 리가 없다.'는 생각이 들어 내놓은 제안이었습니다. 아내는 기꺼이 동의했습니다.

사실 저에게는 비빌 언덕이 많이 있었습니다. 우리 집안에 목사가 37명이나 되었습니다. 장로교, 감리교, 성결교, 순복음 등 다양한 교단에 속해 있습니다. 제법 규모가 있는 교회 목사님들께 조카가 개척하니 후원해 달라고 요청할 수도 있었습니다. 하지만 그렇게 하지 않았습니다. 오직 하나님께서 주시는 것만으로 살겠다고 작정했습니다.

저는 부교역자로 사역할 때도 사람에게 손을 벌리지 않았습니다. 교회에서 주는 생활비가 워낙 적어서 종종 쌀이나 분유가 떨어졌습니다. 그런 때에도 부모님에게조차 말씀드리지 않았습니다. 그 무렵에 어떤 권사님 한 분이 저를 보자고 하셨습니다. 그러더니 봉투 하나를 주셨습니다. 그 권사님은 일주일에 한 번씩 가정예배를 드리는데 그때마다 헌금을 한다고 합니다. 그렇게 일 년을 모았고 그 모은 돈을 어떻게 사용할지를 놓고 기도했는데 하나님께서 "안희환 목사에게 갖다 주라"고 하셨다고 합니다. 그렇게 받게 된 그 돈은 우리 가족이 한 달을 살 수 있는 액수였습니다.

개척교회를 시작했다는 것은 위와 같은 역사가 더 많이 일어나야 하는 상황이라는 뜻입니다. 감사하게도 더 많은 역사를 경험할 수 있었습니다. 한 번은 생활비가 다 떨어졌는데, 전혀 모르는 분에게서 연락이 왔습니다. 강서지방회 여전도 연합회 임원이라시며 토요일에 만나자고 하셨습니다. 토요일에 만나자 그분은 제게 한동안 생활할 수 있는 돈을 주셨습니다.

교회적으로도 하나님의 공급하심을 경험할 수 있었습니다. 재정이 밑바닥이 난 상황에서 집사님 한 분이 목돈을 헌금하셨습니다. 그 집사님은 아들이 장학금을 받게 되자 그 장학금 전부를 헌금하기로 작정했습니다. 이 작정을 오랫동안 잊고 있다가 그때 갑자기 생각이 나더랍니다. 그 헌금은 교회에 꼭 필요한 액수였습니다.

개척하면서 재정 사용의 원칙을 정했습니다. 선교비를 최우선으로 지출하기로 했습니다. 다음으로 적은 사례비를 받으면서 교회를 섬기는 부교역자를 챙겨줍니다. 그다음에 교회의 필요를 위해 사용하고 마지막에 제 생활비를 지출합니다. 그런데 개척교회 형편에서 담임목사 생활비를 지출할 차례까지 오지 못할 때도 있습니다. 교회에 꼭 필요한 경비를 지출하지 못할 때도 있으니 말입니다. 여름철에 작정하고 전교인 수련회를 다녀왔습니다. 그때 지출이 너무 컸기에 교회재정이 바닥을 드러냈습니다. 저는 재정담당 집사님에게 기도하자고 했습니다. 저 역시 하나님 앞에 엎드려, 재정을 채워달라고 기도했습니다.

어느 날 자매분식이라는 떡볶이 집 아주머니가 찾아오셨습니다. 아주머니는 자기 동생이 겪고 있는 딱한 사정을 이야기하셨습니다. 그러더니 봉투 하나를 꺼내주십니다. 자꾸만 그것을 갖다 줘야겠다는 생각이 들어서 가져 오셨다고 합니다. 아주머니가 가신 후 봉투에 든 것을 꺼내 보니 500만 원짜리 수표가 들어있었습니다. 그 아주머니는 장로님 부인이 아닙니다. 믿음이 좋은 권사님도 아닙니다. 그렇다고 이제 갓 신앙의 불기가 시작된 새신자도 아닙니다. 교회를 전혀 다니지 않는 분입니다. 그런데 500만 원이나 갖다 주신 것입니다. 그 돈은 당시 교회의 마이너스 재정을 해결할 수 있을 만큼의 액수였습니다.

사람 마음이 참 간사합니다. 처음 500만 원이 손에 쥐어졌을 때는 정말 기쁘고 감격스러웠지만 잠시 후엔 딴 생각이 들었습니다. '그처럼 능력이 많으신 하나님이시니 이왕이면 동그라니 한두 개 더 붙여서 주셨으면 얼마나 좋을까!' 하고 생각한 것입니다. 후에 깨닫기는 하나님께서 꼭 필요한 만큼만 주신다는 사실입니다. 출애굽한 이스라엘 백성들에게 쌓아놓고 먹을 양식이 아니라 그날 필요한 양식을 그날에 주셨듯이 말입니다.

아무튼 이런 일련의 사건들은 믿음의 기도가 얼마나 유용한지를 경험할 수 있게 해주었습니다. 또한 하나님께서 하나님을 절대적으로 신뢰하면서 드리는 믿음의 기도를 얼마나 기뻐하시는지도 알 수 있게 해주었습니다.

예수님은 기도에 대해 가르치시면서 믿음을 강조하셨습니다.

너희가 기도할 때에 무엇이든지 믿고 구하는 것은 다 받으리라 하시니라 _마 21:22

구하는 것을 무조건 다 받는 게 아닙니다. 믿고 구하는 것을 받는 것입니다. 그렇다면 믿지 않고 기도하는 것은 응답이 없다는 것일까요? 예 맞습니다. 야고보서는 믿지 않고 드리는 기도의 무용성에 대해서 분명하게 말씀하고 있습니다.

오직 믿음으로 구하고 조금도 의심하지 말라 의심하는 자는 마치 바람에 밀려 요동하는 바다 물결 같으니 이런 사람은 무엇이든지 주께 얻기를 생각하지 말라 두 마음을 품어 모든 일에 정함이 없는 자로다 _약 1:6-8

믿지 않는다면 기도할 필요가 없습니다. 어차피 그 기도는 응답되지 않을 테니까요. 믿음의 중요성은 예수님이 능력을 나타내실 때도 분명하게 드러납니다. 마태복음 9장에서 두 맹인이 예수님을 따라가면서 불쌍히 여겨달라고 소리를 지릅니다27절. 예수님은 그들에게 예수님이 능히 그 일 할 줄을 믿느냐고 물으십니다28절. 맹인들이 그렇다고 대답하자 예수님은 그들에게 선언하십니다. "너희 믿음대로 되라"29절 결국 믿음으로 구했던 맹인들은 눈이 밝아지는 기적을 경험합니다30절.

마가복음 7장에도 믿음과 관련한 내용이 나옵니다. 더러운 귀신 들린 어린 딸을 둔 수로보니게 여자가 예수님의 발아래에 엎드려 자기 딸에게서 귀신을 쫓아내 주시기를 간구합니다25-26절. 예수님은 그녀에게 매몰차게 대답하십니다. "자녀로 먼저 배불리 먹게 할지니 자녀의 떡을 취하여 개들에게 던짐이 마땅치 아니하니라"27절.

예수님이시라면 능히 자기 딸을 고쳐주실 수 있다고 믿는 여인 입장에서 예수님이 쌀쌀맞게 말씀하신다고 그냥 물러날 수는 없는 노릇입니다. 여인이 예수님께 "주여 옳소이다마는 상아래 개들도 아이들이 먹던 부스러기를 먹나이다."28절라고 대답합니다. 예수님은 여인의 믿음을 보시고 딸에게서 귀신을 쫓아내주십니다29-30절.

반대되는 내용도 찾아볼 수 있습니다. 마태복음 13장의 내용인데 예수님이 고향으로 가셔서 가르치실 때의 일입니다54절. 고향 사람들은 예수님의 가르치심에 놀라면서도 예수님의 어린 시절과 가족 내역을 다 아는 고로 예수님을 인정하지 않습니다 55-56절. 예수님은 그들이 믿지 않음으로 말미암아 고향에서 많은 능력을 행하지 않으셨습니다 58절. 믿지 않으면 응답도 없고 기적도 없는 것입니다.

***

성경에서 믿음으로 기도하고 하나님의 역사를 경험한 사람들의 이야기를 접할 수 있습니다. 대표적인 사람이 엘리야입니다. 그는 아합 왕에게 바알 선지자들과 아세라 선지자들을 모으라고 합니다. 그래서 우상의 제단과 여호와의 제단을 쌓은 후 사람이 불을 붙이지 않고 기도만해서 불을 붙이는 쪽을 진짜 하나님으로 알자고 제안했습니다.

그럴듯하다고 생각한 아합은 갈멜 산에 바알 선지자들과 아세라 선지자들을 불러 모았습니다. 백성들도 불러 모았습니다. 엘리야는 우상숭배자들에게 숫자가 많으니 먼저 기도하라고 합니다. 우상숭배자들은 아침부터 정오까지 열심히 기도하지만 아무런 응답이 없습니다. 당연한 일입니다. 우상에게는 능력이 없기 때문입니다.

정오가 되었을 때 엘리야가 우상의 선지자들을 조롱합니다. "다른 데 갔는지, 혹은 잠이 들었는지 모르니 어서 깨우라."고 재촉합니다. 우상의 선지자들은 자극을 받아 칼로 자기 몸에 상처를 입힙니다. 흘린 피를 보고 어서 불을 내려달라고 우상에게 간절하게 호소하는 것입니다. 그렇게 저녁 소제 드릴 때까지 기도가 이어집니다. 그러나 바알과 아세라는 불을 내려줄 능력이 없습니다.

드디어 엘리야가 나섭니다. 무너진 여호와의 제단을 수축합니다. 제단 위에 제물을 올려놓습니다. 그러더니 제단 주변에 도랑을 파게 합니다. 그리고 제단 위에 물을 네 양동이나 쏟습니다. 두 번을 더합니다. 제물과 나무는 모두 젖어버렸고 도랑에는 물이 가득합니다. 이제는 사람이 불을 갖다 대더라도 도무지 불이 붙을 수 없는 상황입니다. 엘리야는 지금 적들에게 포위되어 있습니다. 바알 선지자가 450명이고 아세라 선지자가 400명입니다. 여호와의 선지자는 엘리야 혼자뿐입니다. 더구나 나라의 최고 권력자인 아합 왕이 적입니다. 엘리야를 제거하려는 사람입니다. 그러니 제단에 불이 붙지 않으면 엘리야는 죽은 목숨입니다. 이런 상황을 뻔히 아는 엘리야가 왜 제단에 물을 그렇게 많이 부었을까요? 기도 응답을 믿기 때문입니다. 아무리 물에 젖은 제물과 장작이라도 하나님은 얼마든지 태우실 수 있다고 믿고 있는 것입니다.

엘리야는 하나님께 간절히 기도합니다.

아브라함과 이삭과 이스라엘의 하나님 여호와여 주께서 이스라엘 중에서 하나님이신 것과 내가 주의 종인 것과 내가 주의 말씀대로 이

> 모든 일을 행하는 것을 오늘 알게 하옵소서 여호와여 내게 응답하옵소서 내게 응답하옵소서 이 백성에게 주 여호와는 하나님이신 것과 주는 그들의 마음을 되돌이키심을 알게 하옵소서 _왕상 18:36-37

하나님은 믿고 부르짖는 엘리야의 기도에 응답하십니다. 얼마나 그 믿음을 예쁘게 보셨는지 하늘에서 여호와의 불이 내려서 번제물과 나무와 돌과 흙을 태우고 또 도랑의 물을 핥게 하셨습니다. 그 광경을 본 백성들은 엎드려 "여호와 그는 하나님이시로다 여호와 그는 하나님이시로다"라고 고백합니다.

만약 무언가를 놓고 기도하다가 믿어지지 않으면 기도하던 것을 중단하고 하나님 앞에서 믿음을 먼저 구하는 것이 옳습니다. 하나님이 믿음을 주시면 그 믿음을 가지고 구체적으로 기도하면 되는 것입니다. 믿음이 커지면 커질수록 기도가 더 힘이 세어집니다. 하나님은 지금도 믿음을 기뻐하십니다.

> 믿음이 없이는 하나님을 기쁘시게 하지 못하나니 하나님께 나아가는 자는 반드시 그가 계신 것과 또한 그가 자기를 찾는 자들에게 상 주시는 이심을 믿어야 할지니라 _히 11:6

02

끈질기게
기도하라

하물며 하나님께서 그 밤낮 부르짖는 택하신 자들의 원한을
풀어 주지 아니하시겠느냐 그들에게 오래 참으시겠느냐

눅 18:7

처음 개척한 곳은 대림역 근처의 상가건물 지하였습니다. 공간이 좁아서 작은 주방과 작은 사무실 하나만 겨우 갖출 수 있었습니다. 완전 지하라 문을 닫으면 햇볕이 아예 들어오지 않았습니다. 창문이 있기는 했지만 열어봐야 아무 소용없는 것이어서 왜 만들어 놓았는지 도무지 이해할 수가 없었습니다.

배수가 되지 않아서 주방에서 물을 쓰는 것도 쉽지 않았습니다. 하수를 통에 모았다가 어느 시점에서 배수용 펌프를 틀어서 밖으로 퍼내야 합니다. 그런데 모터를 작동시켜야 할 때를 자주 잊어버립니다. 그러면 생활하수가 넘쳐서 바닥에 물이 흥건해집니다.

여름 장마철이 되면 상황이 더 나빠집니다. 벽에서도 물이 흘

러나오기 시작합니다. 그러면 예배당 바닥에 물이 찹니다. 예배를 드리던 도중에 양동이로 물을 퍼내야 할 때도 있었습니다. 눅눅하게 습기 찬 예배당에서는 항상 곰팡이 냄새가 납니다. 몇 명뿐인 교인들조차도 예배당에 들어오려다가 도로 나가고 싶다고 말을 합니다.

가뜩이나 상황이 안 좋은데 문제가 또 생깁니다. 쥐가 들어와서 새끼를 낳은 것입니다. 교인 수보다 쥐가 더 빨리 부흥합니다. 한번은 예배 중에 누가 "악" 하고 소리를 질렀습니다. 쥐가 발을 건드렸던 것입니다. 그다음부터는 아예 발을 의자 위에 올리고 예배드리는 사람들도 있었습니다.

한번은 수요 예배 설교를 하는데 쥐 한 마리가 예배당 뒤쪽에서 강대상 쪽으로 100미터 달리기를 하고 있는 것이 보였습니다. 쥐가 강대상 위로 올라올 무렵 제가 설교하다가 발로 밟았는데 정말 그 쥐가 발에 밟혔습니다. '재신'이라는 청년이 강대상으로 와서 그 쥐를 갖다 버렸습니다. 아무래도 늘어나는 쥐들을 잡아야겠다는 생각에 쥐약을 놓았습니다. 하지만 금방 치워버렸습니다. 쥐약이 마치 동그란 초콜릿처럼 보여서 아이가 무심코 집어 먹을 수도 있겠단 생각이 들었기 때문입니다.

쥐약 대신 쥐덫을 놓았습니다. 덫을 설치하고 그 안에 쥐가 먹을 만한 것을 놔두었는데 쥐가 한 마리도 잡히지 않았습니다. 효과를 많이 본 것은 쥐 끈끈이였습니다. 꼬리가 닿든 발이 닿든 털이 닿든 일단 끈끈이에 쥐의 신체 일부가 닿으면 쥐는 꼼짝없이 잡혔습니다. 꽤 많은 쥐를 잡았는데 애초에 새끼를 낳았던 어미가 잡히지 않았습니다. 그 녀석이 예배당에 오래 살아 지혜가 충만해졌던 모양입니다. 쥐가 다닐만한 곳마다 끈끈이를 설치했는데 그것을 뛰어넘어 다니는 것이었습니다. 한번은 회중석에 앉아 기도하려는데 그 쥐가 자신이 뚫어놓은 강대상 구멍에서 머리를 살짝 내밀고 저를 쳐다보는 것이었습니다. 제 평생에 쥐를 보고 살의를 느껴본 것은 그때가 처음이었습니다.

감사하게도 그 쥐도 해결되었습니다. 확실히 천적은 있었습니다. 문이 열린 틈새로 고양이 한 마리가 들어와서는 그 쥐를 잡아버린 것입니다. 저는 쥐는 못 잡아도 고양이는 잡을 수 있었습니다. 어미 쥐를 잡은 그 고양이를 붙잡아 밖에 내놓으니 모든 문제가 해결된 것입니다. 총 17마리의 쥐를 잡았습니다.

***

지하실 교회는 아무래도 안 되겠다는 생각이 들어 지상으로 이전해야겠다고 결심했습니다. 적어도 100평은 되어야 할 것이라고 생각했습니다. 대략 2억 원이면 되겠다고 생각했습니다. 하지만 2억은 세상 물정을 모르는 제 생각에도 "억" 소리가 날 만큼 큰돈이었습니다. 개척교회엔 성도들이 별로 없습니다. 서민들뿐이고 부자는 한 사람도 없습니다. 단돈 백만 원 헌금하는 것도 불가능해 보이는 사람들이 대부분이었습니다. 그러니 2억 원이 생긴다는 것은 가망성이 없어 보였습니다. 다행히 제가 어릴 때부터 훈련받은 것은 기도하다가 포기하지 않는 것이었습니다. 하나님이 기도를 그만 하라고 하시거나 응답을 하시기 전에 기도를 중단한 적이 없습니다. 이번에도 그렇게 기도하기로 했습니다. 미친 사람처럼 2억 원을 달라고 기도했습니다.

한번은 친구인 하우형 목사가 찾아와서 같이 산책한 일이 있었습니다. 친구와 산책을 하는 동안에도 저는 계속해서 "하나님 2억만 주세요."라고 기도했습니다. 하 목사가 왜 "억억" 거리느냐고 궁금해 하며 물었습니다. 그래서 저는 사정 이야기를 해줬습니다.

죽어라 기도하는데도 돈이 생기지 않았습니다. 그러든 말든 저는 하나님께 2억을 달라고 부르짖었습니다. 그렇게 시간이 가다가 어느 시점이 되니 하나님께서 역사하시기 시작하셨습니다.

어떤 원로 목사님 사모님이 교회에 출석하기 시작했습니다. 어느 날 새벽기도를 할 때, 이 사모님이 통곡을 하십니다. 왜 그러시냐고 여쭈었는데 남편이신 원로목사님이 간암 말기라서 삼 개월 밖에 못 사신다고 하셨습니다. 그래서 병원에 심방을 갔습니다. 병실에 다른 환자들도 있기에 휠체어로 모시고 비상계단으로 갔습니다. 문을 걸어 잠그고, 원로목사님의 간암을 치료해 달라고 하나님께 큰 소리로 부르짖었습니다. 산 기도를 많이 다녔던지라 제대로 소리를 내면 제 목소리가 무척 큽니다. 기도 소리에 병원직원들이 몰려왔습니다. 비상계단을 타고 제 목소리가 병원 전체에 다 퍼진 것이었습니다.

하나님께서 기도를 들어주셨습니다. 수술이 잘 됐고 삼 개월 밖에 못 산다고 하시던 목사님은 한참을 더 사셨습니다. 사모님은 2천만 원 감사헌금을 하셨습니다. 제가 기도하는 2억 중에서 십분의 일이 채워졌습니다.

더 힘을 내서 간절히 기도하던 중에 ○○교회 장로님이 찾아오셨습니다. ○○교회는 분열로 고통을 겪고 있는 상태였습니다. 담임목사가 문제를 일으켜서 교단에서 재명처리가 되었습니다. 그런데도 담임목사직을 내놓지 못하겠다고 버티고 있었습니다. 교회는 담임목사를 반대하는 쪽과 지지하는 쪽으로 분열되었고, 따로 예배를 드리는 상황이 되었습니다.

저를 찾아오신 장로님은 그 목사님을 반대하는 쪽의 대표이신데 저에게 ○○교회에 와서 말씀을 전해달라고 요청하셨습니다. 말씀을 듣고 싶은데 원래 담임목사가 사납게 행동하셔서 설교하러 와주는 사람이 없다는 것이었습니다. 장로님이 눈물을 뚝뚝 떨어뜨리면서 부탁하시니 저도 울컥 하는 마음이었습니다. 하나님이 허락하시면 가기로 했습니다.

○○교회에 설교하러 가도 되는지를 놓고 하나님께 기도했습니다. 가서 말씀을 전하라고 하는 하나님의 감동을 받았습니다. 마침 제가 섬기던 교회는 친구인 박영진 목사가 협력을 해주던 중이라 본 교회 설교단은 걱정을 하지 않아도 되었습니다.

그런 상황에서 어떤 교회 목사님이 제가 ○○교회에 설교하러 간다는 말을 들으시고 전화를 주셨습니다. 절 보고 설교하러 가지 말라고 하셨습니다. 다음 날도 전화하셔서 가지 말라고 하셨습니다. 설교를 하러 가지 말라는 전화를 일주일 내내 걸어오셨습니다. 전화주신 목사님은 교단에서 면직당한 분과 절친한 친구셨습니다.

그럼에도 불구하고 제가 가야한다고 계속 고집을 부렸습니다. 그러자 목사님이 화를 내셨습니다. 가만 두지 않겠다고 말씀하셨습니다. 결국, 저를 더 이상 제자로 여기지도 않겠다는 말씀도 하셨습니다. 저 개인적으로서는 목사님의 말을 따르지 않는 게 너무 큰 부담이었습니다. 목사님은 제가 어릴 때부터 따르던 영적 스승이시기 때문입니다. 또한 제 가족들이 다 그 교회에 다니기 때문입니다. 전 목사님과 갈등을 빚고 멀어지는 것은 정말 싫었습니다. 그래서 저는 하나님께 더욱 매달렸습니다.

제가 설교하러 가기로 약속한 그날, 교단에서 면직당한 분이 그 목사님을 설교자로 초청하였습니다. 그 때문에 그 목사님은 2층에서 설교하시고 저는 1층에서 설교했습니다. 무척 어색한 상황이었습니다. 저는 설교에만 집중했습니다. 그 후로 몇 주일간 더 설교했습니다. 그러면서 1층에서 예배드리는 성도들이 안정을 되찾았고 후임 담임목사가 부임하셨습니다. 저는 자연스럽게 설교를 중단했습니다.

어느 날 목사님이 제게 전화를 하셨습니다. 이제 또 무슨 말

02_ 끈질기게 기도하라

씀을 하실까 하며 두근거리는 마음으로 전화를 받았습니다. 그런데 엉뚱하게도 계좌번호를 불러달라고 하셨습니다. 나중에 통장을 확인해보니 3천만 원을 입금해주셨습니다. '이제 목사님과 거리가 멀어졌다.'고 생각하면 가슴이 아팠는데 오히려 제게 큰 도움을 주셨습니다. 이것은 전적으로 하나님의 은혜요, 역사입니다.

교회 이전 비용이 들어온 것을 마저 다 이야기하면 지루할 테니 이 정도만 하겠습니다. 결국 하나님께서 제가 기도하던 2억을 이런저런 방법으로 다 채워주셨습니다. 그때의 기쁨이란 이루 말할 수 없었습니다. "역시, 우리 하나님 최고야!"하는 감탄사가 자연스럽게 나왔습니다.

부동산중개업소에 찾아갔습니다. 2억 원이란 거액이 확보되어 있으니 저는 자신만만했습니다. 지상층에 100평 이상 얻으려 하는데 얼마냐고 물었습니다. 하나를 소개해주는데 자그마치 보증금이 3억 5천만 원에 월세가 50만 원이나 되었습니다. 저는 충격을 받았습니다. 그래서 다른 부동산으로 갔습니다. 대답은 거의 비슷했습니다. 너무 큰 실망에 빠진 저는 하나님께 따졌습니다.

"하나님 이게 뭡니까? 저야 세상 물정 몰라서 2억 원을 달라고 기도했지만 하나님은 전지하신 분이 아니십니까? 2억 원 가지고는 어림도 없으니 5억 원을 달라 기도하라고 말씀하시면 제

39

가 그렇게 기도했을 텐데 어째서 가만히 듣고만 계셨습니까? 2억 원 가지고는 턱도 없지 않습니까? 하나님 너무 하십니다. 이제 어찌합니까?"

잠시 후 정신이 번쩍 들어 즉시, 하나님께 회개기도를 했습니다.

"하나님 제가 잘못했습니다. 용서해 주옵소서. 감정이 너무 상한 나머지 제 분수를 잊고 하나님께 대드는 말을 했습니다. 회개하오니 용서해 주옵소서. 그런데 하나님 이제 어떻게 해야 할까요?"

그때 하나님께서 제게 "인터넷에 들어가 봐라. 인터넷에 들어가 봐라." 하는 감동을 주셨습니다. 처음에는 정신 나간 소리처럼 여겨졌습니다. "부동산 중개업소가 아니고 인터넷이라니요." 그렇지만 기도 중에 받은 감동이니 순종해야겠기에 막연하지만 인터넷에 들어가 봤습니다. 그때 처음으로 인터넷으로 부동산이 거래되고 있다는 것을 알게 되었습니다. 인터넷을 많은 시간 동안 검색할 것도 없이 건물 하나가 눈에 들어왔습니다. 연락처가 있기에 통화를 했고 다음날 계약했습니다. 전세로 얻었는데 전세금이 1억 9천 7백만 원이었습니다. 2억 달라고 기도하는데 기도를 바꾸라고 하지 않으신 이유가 있었음을 알게 되었습니다. 평수는 놀랍게도 100평이 아니라 160평이었습니다.

02_ 끈질기게 기도하라

건물주는 돈이 많은 변호사였습니다. 이곳저곳에 건물들을 소유하고 있는 사람인지라 돈에 구애받지 않는데다가 전세보증금은 어차피 세입자가 나갈 때 전액 돌려주어야 하는 부채일 뿐이니 구태여 많이 받아두고 싶지 않으니 2억만 내고 나갈 때까지 마음껏 쓰라고 한 것이었습니다. 하나님의 역사하심에 전율이 일었습니다.

시간이 더 지난 후에, 지상으로 이전한 교회 근처에 있는 허름한 건물을 하나 구입했습니다. 그리고 그 옆의 건물을 더 구입한 후 마침내 지하 1층, 지상 5층의 예배당을 건축할 수 있었습니다. 지하에서 지상으로 이전할 때 끈질기게 매달리지 못하고, 중도에 기도를 포기했다면 여기까지 올 수 없었을 것입니다.

***

성경에 정말 끈질기게 기도한 사람들의 이야기가 나옵니다. 비가 오기를 기도하는 엘리야도 끈질긴 기도의 모범을 보여줬습니다. 무릎 사이에 머리를 박고는 비가 내리게 해달라고 기도합니다. 그러나 비가 오지 않습니다. 다시 기도합니다. 다시 기도합니다. 일곱 번째 기도했을 때 바다 저편에 손바닥만 한 구름이 나타났습니다. 마침내 비가 쏟아집니다. 만약 일곱 번째도 비가 오지 않았다면 엘리야는 여덟 번째 기도에 들어갔을 것입니다.

누가복음 18장에 보면 불의한 재판장 이야기가 나옵니다. 이 재판장은 두 가지 특징이 있습니다. 하나님을 두려워하지 않고 가난하고 약한 사람을 무시합니다. 이런 재판장에게 원한을 풀어달라고 간청하는 과부가 있었습니다. 안하무인 재판장을 만났으니 어지간히 운이 없는 여인입니다. 아니나 다를까 재판장은 돈도 없고 기댈 데도 없는 과부의 간청을 외면합니다. 과부의 원한을 풀어줘 봐야 생기는 게 하나도 없을 것이기 때문입니다. 이 재판장의 이기적이고 탐욕스러운 태도에 과부의 마음이 상했을 것입니다. 너무 하다는 생각이 들었을 것입니다. 간청하는 것을 그만 둬도 누구나 이해할 수 있는 상황입니다.

그러나 과부는 그냥 물러나지 않습니다. 다시 재판장을 찾아갑니다. 철저하게 무시하는 태도를 보이는 재판장에게 과부는 끝없이 찾아갑니다. 이제 재판장이 노이로제에 걸릴 지경입니다. 꿈에도 과부가 나타나 원한을 풀어 달라고 할 정도입니다. 결국 재판장은 두 손을 번쩍 듭니다. 그리고 과부의 원한을 풀어줍니다. 재판장이 속으로 생각한 것을 보십시오.

> 내가 하나님을 두려워하지 않고 사람을 무시하나 이 과부가 나를 번거롭게 하니 내가 그 원한을 풀어 주리라 그렇지 않으면 늘 와서 나를 괴롭게 하리라 하였느니라 _눅 18:4-5

정말 통쾌하지 않습니까. 힘도 없고 배경도 없는 과부가 끈질김 하나만으로 재판장을 굴복시킨 것입니다. 예수님은 이렇게 말씀을 덧붙이십니다.

02_ 끈질기게 기도하라

> *불의한 재판장이 말한 것을 들으라 하물며 하나님께서 그 밤낮 부르짖는 택하신 자들의 원한을 풀어 주지 아니하시겠느냐 그들에게 오래 참으시겠느냐 내가 너희에게 이르노니 속히 그 원한을 풀어 주시리라* _눅 18:6-8

예수님의 말씀은 기도하다가 응답이 빨리 되지 않는다고 낙심하고 포기해서는 안 된다는 진리를 깨닫게 해줍니다. 끈질긴 기도가 능력입니다.

03

말씀을 붙잡고 기도하라

주께서 말씀하시기를 내가 반드시 네게 은혜를 베풀어 네 씨로 바다의
셀 수 없는 모래와 같이 많게 하리라 하셨나이다

창 32:12

저는 대학에 다닐 때 마가복음 16장의 말씀에 감동을 받았습니다. "믿는 자들에게는 이런 표적이 따르리니 곧 그들이 내 이름으로 귀신을 쫓아내며 새 방언을 말하며 뱀을 집어올리며 무슨 독을 마실지라도 해를 받지 아니하며 병든 사람에게 손을 얹은즉 나으리라 하시더라"17-18절라는 말씀입니다.

"목사들에게는, 부흥사들에게는, 기도원 원장들에게는"이라는 식으로 되어 있지 않고 "믿는 자들에게는"이라는 부분이 마음에 확 와 닿은 것입니다. 그러면 아직 어린 저도 믿는 자이니 제게도 그런 표적이 따른다는 말씀이 아닐까요? 저도 병자를 고치고 귀신을 내쫓을 수 있다는 말씀이 아닐까요?

문제는 아직 어린 제게 기도 받을 사람이 없다는 점입니다.

누구에게 시도를 해봐야 하나 생각하다가 치질 때문에 고생하는 둘째 동생이 떠올랐습니다. 저는 동생을 불러놓고 몸에 손을 댄 후 "하나님. 제 동생이 똥꼬가 아파서 힘들어 하고 있습니다. 제가 말씀대로 손을 얹었습니다. 동생의 똥꼬를 고쳐주옵소서"라고 간절하게 기도해주었습니다. 밤에 잠을 자야 하는데 가슴이 두근거려서 잠이 오지 않았습니다. 하나님이 동생을 고쳐주셨다는 소식을 아침에 접할 수 있다는 생각에 설레는 마음을 진정할 수 없었습니다. 자는 둥 마는 둥 하며 뜬 눈으로 밤을 지샜습니다. 아침에 일어나자마자 동생에게 물었습니다.

"야. 똥꼬 아픈 것 어때?"
"형. 기도 받고 더 아파졌어!"

얼마나 실망이 컸는지 모릅니다. 그렇지만 성경은 거짓이 없는 하나님의 말씀입니다. 말씀에 문제가 있다는 생각이 들지는 않았습니다. 마가복음 17장을 보니 이유를 알 것 같았습니다.

기도 외에 다른 것으로는 이런 유가 날 수 없느니라 _막 9:29

저는 더 기도하기로 작정했습니다. 대학교 2학년 때 담임목사님께 미리 말씀 드리면 허락을 안 해주실 것 같아서 무단으로 교회의 지하실 방 하나를 점령했습니다. 집에 가지 않고 교회에서 살았습니다. 기도하기 위해서입니다. 삼각산에서 산 기도도 꾸준히 했습니다. 서울신학대학교의 뒷산에 올라가서도 기도했습니다. 서울신학대학교의 기도 탑도 제 기도 장소였습니다. 그런 와중에 문제가 생겼습니다. 습기가 많은 교회 지하실에서 계속 지내다보니 몸에 병이 난 것입니다. 제가 아프다는 것을 아신 담임목사님이 교회 종탑에 있는 방으로 거처를 옮겨주셨습니다. 종탑 방이라고는 하지만 꽤 넓었습니다. 그곳에 전화도 설치해주셨고 아래층에 샤워시설도 만들어 주셨습니다. 그렇게 해서 저는 교회에서 5년 동안 살았습니다.

하나님은 기도하는 제게 말씀대로 표적이 나타나게 해주셨습니다. 청년·청소년 연합집회를 인도할 때의 일입니다. 집회 시간에 앞자리에 앉은 청년에게 귀신이 역사했습니다. 눈이 뒤집어져 흰자위만 보였고, 입에서는 꽃게처럼 거품이 나왔습니다. 허리는 활처럼 뒤로 휘기 시작했는데 청년들이 배를 눌러도 들어가지 않았습니다. 마가복음 5장에 있는, 거라사의 귀신 들린 사람이 생각났습니다. 쇠사슬로 묶어도 끊을 만큼 힘센 귀신이 들렸던 사람 말입니다. 청년에게도 그처럼 힘센 귀신이 들어간 것 같았습니다. 그러니 엎드린 사람의 등을 누르는 게 아니라 뒤로 몸이 휜 사람의 배를 여러 명이 눌러도 눌리지 않는 것입니다.

저는 더 이상 정상적인 집회가 이어지기 어렵다고 판단했습니다. 그래서 강대상 아래로 내려갔습니다. 귀신 들린 청년의 이마에 손을 댔습니다. 그리고 "내가 나사렛 예수 이름으로 명하노니 평안할지어다."라고 말했습니다. 다시 "내가 나사렛 예수 이름으로 명하노니 평안할지어다."라고 말했습니다. 그리고 세 번째로 "내가 나사렛 예수 이름으로 명하노니 평안할지어다."라고 말했습니다. 세 번째 말이 나가자 귀신이 청년에게서 떠나갔습니다. 귀신이 나가자 흰자위만 보이던 눈이 정상으로 돌아왔고 입에서 뽀글거리던 거품도 사라졌습니다. 당연히 휘었던 허리도 멀쩡해졌습니다. 만약 동생을 위해 기도해 준 후 고쳐지지 않았다고 해서 하나님의 말씀을 놓아 버렸다면 너무나도 큰 손해를 봤을 것입니다.

성경에 보면 베드로와 요한이 산헤드린 공의회로부터 전도하면 그냥 두지 않겠다는 협박을 받은 후 교회 공동체에 그런 사실을 보고 합니다. 그때 다 같이 합심해서 기도하는데 내용이 다음과 같습니다.

> 주여 이제도 그들의 위협함을 굽어보시옵고 또 종들로 하여금 담대히 하나님의 말씀을 전하게 하여 주시오며 손을 내밀어 병을 낫게 하시옵고 표적과 기사가 거룩한 종 예수의 이름으로 이루어지게 하옵소서 하더라 _행 4:29-30

위협함을 굽어봐달라는 기도는 이해가 갑니다. 지금 협박을 받고 있는 상황이기 때문입니다. 담대히 하나님의 말씀을 전하게 해달라는 것도 이해가 갑니다. 예수님의 지상명령이 복음 전파이기 때문입니다. 특이한 것은 그 두 기도 사이에 끼어 있는 내용입니다. 손을 내밀어 병을 낫게 하시옵고 표적과 기사가 거룩한 종 예수의 이름으로 이루어지게 해달라는 기도입니다. '아~ 이런 기도를 교회적으로도 해야겠구나!' 하는 생각이 들었습니다.

목회를 하면서 저 역시 위의 말씀대로 성도들로 하여금 치유를 위해 기도하게 했습니다. 주일 예배설교를 마친 후 성도들에게 아픈 곳에 손을 대게 하고(손은 얹은즉 나으리라 했으니) 치유를 위해 기도하게 한 것입니다. 저는 하나님의 말씀을 인용한 후 성도들에게 약속의 말씀을 붙잡고 기도하라고 했고 성도들은 제가 이야기한 대로 아픈 곳에 손을 대고 기도했습니다.

50대의 여자 성도(박월자)가 전도되어 왔을 때의 일입니다. 그 성도는 백반증이라는 병을 가지고 있었습니다. 목 부분이 특히 심했는데 그것을 가리기 위해서 더운 여름철에도 늘 목을 가리고 다녔습니다. 그 병은 어릴 때부터 있던 것이었고 병원에서도 치료되지 않아서 평생 안고 가야 할 상황이었습니다. 감사하게도 그 성도는 새신자임에도 불구하고 제가 기도를 시킬 때마다 목에 손을 댄 채, 하나님의 말씀을 붙잡고 기도했습니다. 그렇게 예배 시간마다 기도하는데 어느 날 목의 백반증이 사라졌습니다. 이제는 목을 내놓고 다니는 그 성도를 볼 때마다 얼마나 감사한지 모릅니다. 그 성도는 찬양대에 서고 전도도 열심히 하고 있습니다. 두 명의 친구들을 전도해서 그 두 친구들 역시 꾸준하게 예배를 드리고 있습니다.

한 번은 페이스북에서 우리 교회의 젊은 성도인 박미자 집사의 글을 우연히 보게 되었습니다. 평소에는 머리에 손을 대고 지혜를 달라고 기도를 했었다고 합니다. 그런데 그 글을 쓰기 직전의 주일에 갑자기 고관절의 치료를 위해 다리에 손을 대고 기도했는데 하나님께서 고관절을 고쳐주셨다고 합니다. 얼마나 감사한 일인지요.

서울 강서지방회 권사회 연합 부흥회를 인도할 때의 일입니다. 그때도 역시 아픈 곳에 손을 대고 기도하게 했습니다. 그때 연합회에서 중심적으로 활동하시던 유원열 권사님이 다리가 아프셨습니다. 기도 순서를 맡았기에 절뚝거리며 강대상에 올라가셨습니다. 기도를 마치고 내려가실 때는 다리가 치유되었다고 좋아하시던 모습이 생생합니다. 임원 권사님들과 제가 있는 앞에서 다리를 앞뒤로 흔들면서 함박웃음을 지으셨습니다.

이번에는 예배 시간에 50대 후반의 남자 분이 오셨습니다. 유경찬이라는 이 분은 특이한 현상을 겪고 계셨습니다. 귀신들이 눈에 보였습니다. 한 어린 소녀가 몸에 들어왔다가 그대로 빠져나가기도 하는데 그런 것이 눈에 보이니 마음이 불안했습니다. 밤에는 잠을 제대로 자지 못했습니다. 그 때문에 낮에 깜빡 졸음운전을 하다가 접촉사고를 내기도 했습니다. 너무 두려운 나머지

지푸라기라도 잡는 심정으로 교회를 찾아온 것입니다.

   저는 유경찬 성도에게 귀신같은 것에 신경 쓸 것도 없다고 말해주었습니다. 예수 이름 앞에 귀신들은 아무 것도 아니니 금방 해결된다고 말해줬습니다. 그리고는 머리에 손을 얹고 유경찬 성도를 괴롭히는 귀신들에게 다 떠나가라고 선포했습니다. 귀신들은 다 제압되었고 다시는 눈앞에 나타나 힘들게 하지 않았습니다. 그 후로 유경찬 성도님은 꾸준하게 예배 출석을 하였습니다. 시간이 지나면서 수요예배나 금요예배 때도 스스로 나오기 시작했습니다. 더 감사한 것은 아내를 전도한 것입니다. 지금은 부부가 열심히 신앙생활을 하고 있습니다. 더 나아가서 거래처 사람들을 전도하려고 애를 쓰고 있는데 몇몇 사람들을 예배에 초청하기도 했습니다. 얼마나 감사한지 모릅니다.

***

   성경에 말씀을 붙잡고 기도하던 사람들 이야기가 많이 나옵니다. 그 중에 한 사람이 여호사밧 왕입니다. 여호사밧이 다스릴 때 유다 왕국은 큰 위기에 부딪힙니다. 한 나라만 쳐들어와도 어려울 텐데 모압 족속과 암몬 족속들이 마온 족속과 연합해서 유다를 치러 왔습니다 대하 20:1. 이 소식을 듣자 여호사밧이 두려워합니다 3절. 아마 누구라도 두려워했을 것입니다. 하나님을 믿는 사람이라 해도 당장 눈앞에 감당할 수 없는 위기가 닥쳐오면 그 무게에 짓눌리곤 합니다. 감사하게도 여호사밧은 계속 눌려 있지 않고 정신을 차립니다. 온 유다 백성들을 모아 다 함께 전능하신 하나님께 간구합니다 4절. 그때 여호사밧이 하나님께 기도드리는 내용에서 중요한 교훈 하나를 발견할 수 있습니다. 그냥 하나님께 하소연하는 것이 아니라 하나님의 말씀을 붙들고 기도한다는 점입니다. 그는 하나님이 하셨던 말씀을 분명하게 기억하고 인용하면서 하나님께 그 말씀대로 도와주실 것을 간구합니다.

> 우리 하나님이시여 전에 이 땅 주민을 주의 백성 이스라엘 앞에서 쫓아내시고 그 땅을 주께서 사랑하시는 아브라함의 자손에게 영원히 주지 아니하셨나이까 그들이 이 땅에 살면서 주의 이름을 위하여 한 성소를 주를 위해 건축하고 이르기를 만일 재앙이나 난리나 견책이나 전염병이나 기근이 우리에게 임하면 주의 이름이 이 성전에 있으니 우리가 이 성전 앞과 주 앞에 서서 이 환난 가운데에서 주께 부르짖은즉 들으시고 구원하시리라 하였나이다 _대하 20:7-9

하나님은 말씀을 붙들고 말씀대로 되게 해달라고 기도하는 여호사밧 왕에게 야하시엘을 보내셔서 전쟁이 하나님께 속하였으니 두려워말라고 말씀하십니다 14-15절. 유다 자손이 싸울 것도 없을 것이라는 놀라운 말씀까지 하십니다 17절. 여호사밧은 말도 안 되는 소리라고 무시하지 않고 그 말씀을 있는 그대로 받아들입니다. 그래서 백성들과 함께 하나님께 경배하고 레위 사람들은 심히 큰 소리로 찬송을 부릅니다 18-19절.

드디어 전쟁이 시작될 찰나입니다. 여호사밧은 백성들에게 선포합니다. "유다와 예루살렘 주민들아 내 말을 들을지어다 너희는 너희 하나님 여호와를 신뢰하라 그리하면 견고히 서리라 그의 선지자들을 신뢰하라 그리하면 형통하리라"[20절]. 그리고는 노래하는 자들을 택하여 거룩한 예복을 입히고 하나님께 찬양하게 합니다[21절]. 그때 기적이 일어납니다. 노래가 시작될 때에 유다를 쳐들어온 연합군 사이에 내분이 발생합니다. 암몬과 모압 자손이 일어나 세일 산 주민들을 쳐서 진멸하고 세일 주민들을 멸한 후에는 자기들끼리 서로 죽였습니다[23절]. 하나님 말씀대로 유다 백성들은 싸우지도 않고 승리를 거뒀고, 다 죽어버린 적들의 물품을 취하는데 얼마나 양이 많은지 사흘 동안 거둬야했을 정도였습니다[25절]. 하나님의 말씀을 붙잡고 기도한 결과였습니다.

　말씀을 붙잡고 기도한 한 사람을 더 소개하려고 합니다. 바로 야곱입니다. 야곱은 형 에서를 속인 일로 인해 형을 피해 도망쳤습니다. 라반의 집에서 일을 하면서 20년 세월을 보냅니다. 그러면서 가족도 생겼고 재산도 꽤 모았습니다. 그러자 라반의 아들들이 야곱을 향해 불편한 심기를 드러냈고, 라반도 그 영향을 받아 야곱에게 적대적입니다. 야곱은 라반을 떠나기로 작정합니다. 하지만 라반이 강제로 처자식들과 재산을 빼앗을까봐 라반 몰래 도망을 칩니다[창 31:1-20].

야곱이 도망간 지 3일 만에 그 사실을 알게 된 라반은 사람들을 거느리고 7일 길을 쫓아 야곱을 따라잡았습니다. 그러나 밤에 하나님께서 라반에게 현몽하여 야곱에게 선악 간에 말하지 말라고 경고를 하셨습니다. 이 때문에 라반은 야곱을 건드리지 못한 채 야곱과 계약만 맺고 야곱을 보내줍니다 창 31:21-55.

이렇게 위기를 면한 야곱이 안도의 한숨을 내쉴 때, 더 큰 위협이 야곱에게 다가옵니다. 형 에서가 사백 명을 거느리고 온다는 소식을 야곱이 들은 것입니다 창 32:6. 야곱은 형이 동생을 호의적으로 맞이하려 한다면 이렇게 많은 무리를 끌고 올 리가 없다고 생각합니다. 형 에서가 20년 전의 원한을 아직도 품고 있음에 틀림없다고 여깁니다. 야곱은 심히 두려워 떱니다 창 32:7. 야곱은 에서를 상대할 방법이 없습니다. 죽은 목숨이나 다름없습니다.

그때 야곱은 하나님의 말씀을 붙들고 기도합니다. "내 조부 아브라함의 하나님, 내 아버지 이삭의 하나님 여호와여 주께서 전에 내게 명하시기를 네 고향, 네 족속에게로 돌아가라 내가 네게 은혜를 베풀리라 하셨나이다… 주께서 말씀하시기를 내가 반드시 네게 은혜를 베풀어 네 씨로 바다의 셀 수 없는 모래와 같이 많게 하리라 하셨나이다" 창 32:9, 12. 이런 기도는 하나님은 신실하시고 신실하신 하나님이기에 약속하신 말씀을 반드시 지킨다는 것을 알 때에 나올 수 있는 기도입니다. 성경은 하나님의 뜻대로 드리는 기도에 응답이 있다고 가르쳐주고 있습니다.

> 그를 향하여 우리가 가진 바 담대함이 이것이니 그의 뜻대로 무엇
> 을 구하면 들으심이라 _요일 5:14

그러면 하나님의 뜻은 어떻게 알 수 있을까요? 말씀을 통해 알 수 있습니다. 사람이 품고 있는 뜻도 사람의 말을 통해 알 수 있듯이 하나님의 뜻도 하나님의 말씀을 통해 알 수 있는 것입니다. 따라서 말씀을 붙잡고 기도하는 것은 하나님의 뜻대로 기도하는 것이기에 응답이 됩니다.

04

전력을 다해
기도하라

예수께서 힘쓰고 애써 더욱 간절히 기도하시니
땀이 땅에 떨어지는 핏방울 같이 되더라

눅 22:44

대학 시절에 종종 삼각산에 올라가 기도했습니다. 산 기도라고 하는 게 봄이나 여름이나 가을엔 어려움이 없습니다. 그런데 겨울에는 어려움이 많습니다. 산에 올라가 기도할 때 너무 추운 것입니다. 바람이 불기라도 하면 추위가 뼛속까지 파고들어 너무나 힘이 듭니다. 그런 추위와 싸우며 기도하기 위해서는 준비할 것들이 몇 가지가 있습니다. 하나는, 커다란 비닐봉지입니다. 머리부터 발끝까지 뒤집어쓰면 바람을 막을 수 있습니다. 밤에 산 기도를 하는 것이기에 햇볕 덕분에 따듯해지는 비닐하우스 효과는 보지 못하지만 매섭게 부는 찬바람은 막아줍니다. 또 하나는 두꺼운 스티로폼입니다. 냉기는 땅에서도 올라옵니다. 스티로폼을 깔고 있으면 땅에서 올라오는 냉기를 막아주기 때문에 추위를 훨씬 덜 느낍니다. 얇지 않고 두꺼운 것을 가져가야 쉽게 부서지지 않습니다. 두꺼워도 여러 차례 사용하다보면 부서져서 다시 장만해야 합니다.

만반의 준비를 갖추고 기도에 들어가더라도 추운 겨울 산에서는 묵상기도를 할 수가 없습니다. 산에 머물러 있을수록 점점 더 추워지기 때문입니다. 추위를 견디며 기도하다 보면 저절로 전력을 다해 부르짖어 기도하게 됩니다. 놀랍게도, 열심히 기도하다 보면 몸에서 열이 납니다. 이때 비닐봉지를 걷어내고 기도해도 전혀 춥지 않았습니다.

그렇게 추위와 싸우면서 전력을 다해 기도한 시간들이 평생토록 목회에 큰 도움이 되고 있습니다. 그때 은혜를 참 많이 받았습니다. 각양 은사도 많이 임했습니다. 깊은 기도의 훈련이 되기도 했습니다. 그래서인지 지금도 산 기도를 다니던 그 시절이 그립곤 합니다.

***

성경에서 전력을 다해 기도한 사람을 찾아볼 수 있습니다. 야곱이 대표적인 사람입니다. 형을 두 번이나 속여 분노한 형을 피해 라반의 집으로 갔습니다. 라반의 집에서 20년간 온갖 고생을 겪으며 결혼하여 식구를 부양하고 재산도 모았습니다. 더 이상 그곳에도 머물 수 없는 상황이 되자 처자식들과 재물을 이끌고 라반을 떠나 가나안 땅으로 돌아옵니다.

형 에서가 야곱이 돌아온다는 소식을 듣자 용사 사백 명을 거느리고 야곱에게 달려갑니다. 야곱은 오랜 세월을 보지 못한 동생을 기쁜 마음으로 만나러 오는 것이라면 용사를 사백 명이나 거느리고 올 리가 없다고 생각했습니다. 20년 전의 원한을 아직까지 품고 있는 것이 확실하다고 판단했습니다. 야곱은 에서가 자기에게로 달려온다는 소식에 커다란 두려움에 빠집니다 창 32:6-7.

야곱은 하나님께 애절하게 기도합니다.

> 내 조부 아브라함의 하나님, 내 아버지 이삭의 하나님 여호와여 주께서 전에 내게 명하시기를 네 고향, 네 족속에게로 돌아가라 내가 네게 은혜를 베풀리라 하셨나이다 나는 주께서 주의 종에게 베푸신 모든 은총과 모든 진실하심을 조금도 감당할 수 없사오나 내가 내 지팡이만 가지고 이 요단을 건넜더니 지금은 두 떼나 이루었나이다 내가 주께 간구하오니 내 형의 손에서, 에서의 손에서 나를 건져내시옵소서 내가 그를 두려워함은 그가 와서 나와 내 처자들을 칠까 겁이 나기 때문이니이다 주께서 말씀하시기를 내가 반드시 네게 은혜를 베풀어 네 씨로 바다의 셀 수 없는 모래와 같이 많게 하리라 하셨나이다 _창 32:9-12

야곱은 형 에서의 원한을 누그러뜨리기 위해 예물을 준비해서 미리 보내놓습니다. 그러고도 야곱은 브니엘에서 천사와 밤새도록 씨름을 합니다 창 32:24. 그때 천사가 야곱의 허벅지 관절을 칩니다. 그래서 야곱의 허벅지 관절이 어긋납니다 창 32:25. 엄청난 통증이 전신을 파고듦에도 불구하고 야곱은 천사를 붙잡은 손을 놓지 않습니다. 야곱은 "당신이 내게 축복하지 아니하면 가게 하지 아니하겠나이다"라고 부르짖습니다.

사실, 사람은 갑작스런 고통 앞에서 약해지지 마련입니다. 유리컵을 손에 들고 있는 중에 누군가가 망치로 발가락을 때린다면 "악" 하는 소리와 함께 유리컵을 놓치고 맙니다. 물건을 들고 가다가 발목만 세게 어긋나도 통증으로 인해 물건을 놓칠 것입니다. 하물며 허벅지 관절이 어긋났다면 그 아픔은 이루 헤아릴 수 없이 클 것입니다. 그런 고통에도 불구하고 야곱은 천사를 잡은 손을 놓지 않았습니다. 정말 대단하지 않습니까? 전력을 다해 기도한다는 것은 바로 이런 것입니다.

그제야 그 사람이 야곱에게 말을 겁니다. 대화가 이어집니다.

"네 이름이 무엇이냐?"

"야곱이니이다."

"네 이름을 다시는 야곱이라 부를 것이 아니요 이스라엘이라 부를 것이니 이는 네가 하나님과 및 사람들과 겨루어 이겼음이니라."

"당신의 이름을 알려주소서."

"어찌하여 내 이름을 묻느냐?"

그리고 그 사람은 야곱을 축복합니다. 그러자 기적이 일어납니다.

> 야곱이 눈을 들어 보니 에서가 사백 명의 장정을 거느리고 오고 있는지라 그의 자식들을 나누어 레아와 라헬과 두 여종에게 맡기고 여종들과 그들의 자식들은 앞에 두고 레아와 그의 자식들은 다음에 두고 라헬과 요셉은 뒤에 두고 자기는 그들 앞에서 나아가되 몸을 일곱 번 땅에 굽히며 그의 형 에서에게 가까이 가니 에서가 달려와서 그를 맞이하여 안고 목을 어긋맞추어 그와 입맞추고 서로 우니라 _창 33:1-4

죽이려고 씩씩거리며 달려오던 에서가 야곱을 끌어안고 운 것입니다. 멀리 떨어져서, 전후사정을 알고 바라보면 한 편의 코미디입니다. 그러나 야곱 입장에서 보면, 일생일대의 위기가 순식간에 사라진 것입니다. 인생 최대의 고민거리가 해결되는 순간입니다. 하나님 앞에 전력을 다해 드린 기도가 말로 형용할 수 없는 변화를 일으킨 것입니다.

예수님께서 겟세마네 동산에서 기도하실 때의 모습도 전력을 다한 기도의 모범입니다. 성경은 이렇게 기록하고 있습니다.

> 이르시되 아버지여 만일 아버지의 뜻이거든 이 잔을 내게서 옮기

> *시옵소서 그러나 내 원대로 마시옵고 아버지의 원대로 되기를 원하나이다 하시니 천사가 하늘로부터 예수께 나타나 힘을 더하더라 예수께서 힘쓰고 애써 더욱 간절히 기도하시니 땀이 땅에 떨어지는 핏방울 같이 되더라* _눅 22:42-44

아내가 첫째 아들 효빈이를 낳을 때의 일입니다. 아내는 분만실에 들어갔고 저는 분만실 밖에 서 있었습니다. 분만실에 들어간 사람은 분명히 제 아내인데 전혀 다른 목소리가 들려왔습니다. 고통에 비명을 지르는 목소리가 도무지 아내의 목소리 같지 않았습니다. 제 아내는 고상해서 소리를 지르지 않고 조용히 애를 낳을 줄 알았는데 그게 아니었습니다. 엄청난 비명 소리 이후에 "응애" 하는 애기 울음소리가 들릴 줄 알았는데 그냥 조용했습니다. 그러다가 다시 아내가 비명소리를 내고 애는 여전히 나오지 않았습니다. 밖에서 조바심을 내며 기다리던 저는 '애가 나오려면 오래 걸리는구나!' 생각하고 집에 가서 책을 읽었습니다. 하필 그러고 있을 때 효빈이가 태어났습니다. 그 일로 인해 한 동안 아내에게 구박을 받았습니다.

둘째 아이가 생기자 이번에는 분만실 밖에서 끝까지 지키겠다고, 다른 곳으로 절대 가지 않겠다고 다짐을 했습니다. 일산의 풍동교회 부흥회를 인도하고 있을 때, 아내가 진통을 시작했다는 연락을 받았습니다. 저는 저녁 집회를 마치자마자 병원으로 달려갔습니다. 병원 측은 이번에는 분만실 밖이 아니라 분만실 안에 들어가게 해주었습니다. 아내는 지난 번처럼 평소에는 내지 않는 비명을 질렀습니다. 그때 저는 아내의 머리 쪽에 있었는데 깜짝 놀랄 모습을 보았습니다. 아내가 비명을 질러댈 때마다 맨 얼굴에서 땀이 뽀록하고 솟아올라왔습니다. 그렇게 진을 뺄 때 흘리는 땀을 진땀이라는 것을 알았습니다.

그런데 예수님이 겟세마네 동산에서 기도하실 땐 진땀이 나오는 차원도 넘으셨습니다. 너무나 애써 기도하신 나머지 실핏줄이 터져 땀에 피가 섞여 나오는 피땀을 흘리신 것입니다. 힘쓰고 애써 간절히 기도하셨다는 표현대로 예수님은 정말 전력을 다해 기도하신 것입니다.

개인적으로 기도할 때나 집회 인도 중에 기도할 때 힘이 들 때가 있습니다. 몸이 아프거나 피곤이 누적 되었을 때는 더 힘이 듭니다. 그럴 때 너무 무리하지 말고 살살 시간만 보낼까 싶다가도 예수님의 기도를 생각하면 정신이 번쩍 듭니다. 다시 전력을 다해 기도합니다.

지방의 어떤 큰 교회에서 청년회 집회와 학생회 집회를 연속으로 인도할 때의 일입니다. 그동안 누적 되었던 과로가 극에 달해서 몸이 엉망이었습니다. 코피가 계속 쏟아졌습니다. 다행스럽게도 집회를 인도할 때는 코피가 멈춰서 설교를 할 수 있었는데 집회만 마치면 다시 코피가 났습니다. 그런 와중에도 겟세마네 동산에서 간절히 기도하신 예수님을 생각하며 청년들과 학생들이 은혜를 받게 해달라고 기도했습니다. 제 몸이 아픈 것 때문에 집회가 엉망이 되면 기도하며 집회를 준비한 사람들이 얼마나 실망하겠습니까? 저로서는 절박한 마음이 들지 않을 수 없었습니다.

저녁 집회를 마치고 숙소로 가려는데 청년 하나가 저를 따라 나왔습니다. 숙소는 걸어서 갈 수 있는 거리였는데 제 가방을 들어주고 싶다고 했습니다. 성의를 거절하기 어려워 그렇게 하라고 했습니다. 숙소로 가던 중에 가게로 뛰어 들어가더니 음료수를 사가지고 왔습니다. 뭐라도 하나 사드리고 싶었다고 했습니다.

왜 이러나 했더니 이유가 있었습니다. 그 청년은 교회를 다니고는 있었지만 예수님이 자신을 사랑하고 계시다는 것을 실감하지 못하고 있었습니다. 그런 시간이 이어지면서 지쳐가고 있는 중이었습니다. 집회가 있다는 광고를 들었지만 그동안 눌린 것들로 인해서 기대감도 없이 집회에 참석했습니다. 그런데 말씀을 듣다가 진짜 은혜라는 것을 받았습니다. 더구나 기도할 때 작은 체험도 하게 되었습니다. 기도 중에 환하게 빛이 비춰온 것입니다. 누가 후레시로 비추나 하고 눈을 떴는데 그런 사람은 없었습니다. 다시 기도하는데 다시 환한 빛이 비춰왔습니다. 그 빛과 함께 예수님의 사랑이 너무 선명하게 느껴져서 감격하였고 그 감격을 주체 하지 못해서 저를 따라 나와 가방도 들어주고 음료수도 사준 것입니다.

04_ 전력을 다해 기도하라

저는 그 청년의 말과 행동이, 아픈 중에도 청년들과 학생들이 은혜를 받게 해달라고 전력을 다해 기도한 저에게 주신 하나님의 선물이라는 생각이 들었습니다. 그 후로도 비슷한 일을 종종 겪습니다. 최근에 일어난 사례입니다.

집회 일정들이 너무 많아서 한 주에 두세 번씩 인도하는 일도 많아졌습니다(그렇게 하는 것이 열심이 아니라 어리석은 짓이라는 것을 깨달았습니다). 그러다 보니 몸에 문제가 생겼습니다. 병원에 갔더니 의사 선생님이 큰 병원으로 가서 사진을 찍어보라고 했습니다. 의사 말대로 큰 병원으로 가서 사진을 찍었는데 폐병이라고 진단했습니다. 당장 입원을 해야 한다고도 했습니다. 미리 잡힌 집회 일정들 때문에 도저히 병원에 입원할 상황이 아니었습니다. 저를 아껴주는 분들이 저를 초청한 쪽에 사정을 잘 이야기하여 집회를 취소하라고 조언했습니다. 하지만 그럴 수도 없었습니다. 집회는 제 입장에서는 계속 반복하는 평범한 것이겠지만 초청한 교회는 1년간 기도하며 준비한 특별한 것입니다. 그런 특별한 것을 제 사정 때문에 엉망으로 만들 수는 없었습니다.

의사 선생님에게 정해진 일정들이 있어서 입원이 어렵다고 이야기했더니 의사 선생님이 제게 화를 냈습니다. 지금 제 상태가 위험하다는 것이었습니다. "공연히 하는 말이 아닌데 의사 말 무시하다가 죽는다."는 등의 험한 말도 했습니다. 기분이 상하긴 했지만 말다툼할 생각이 없어서 꾹 참았습니다. 그냥 수액을 맞으면서 잠시 눈을 붙인 후 병원을 나왔습니다.

병원에서 나와 약속된 집회 장소로 갔습니다. 저녁 집회를 인도했습니다. 몸이 아파서 집회를 인도하는 것이 많이 힘들었습니다. 밤에 누워 자려고 하는데 몸이 너무 불편해서 잠을 잘 수가 없었습니다. 어차피 몸 상태가 안 좋아 잠을 못 잘 바에는 기도를 하자는 생각이 들어 일어나 앉았습니다. 끙끙거리며 새벽 3시까지 기도했습니다. 더 이상 앉아 있을 수 없어서 드러누워서 새벽 6시까지 기도했습니다. 그렇게 전력을 다해 기도에 힘쓰는 동안 마음속에 감동이 왔습니다.

"네 몸에 대해서는 걱정하지 말라. 네 몸은 내 것이다. 다만 몸을 혹사시키지 말라."

그 감동 후에 몸에 대한 염려는 치워버렸습니다. 그리고 잠이 들었고 겨우 1시간 40분가량 자고 일어났습니다. 그 몸으로 계속해서 집회를 인도를 했는데 희한하게도 몸 상태가 좋아지기 시작했습니다.

그다음 주간에 천보산 기도원에서 집회를 인도했습니다. 천보산 기도원 집회는 다른 교회의 부흥회 등과 비교가 되지 않을 만큼 에너지 소모가 많습니다. 기도원 측에서 강사를 추천해달라고 요청을 해 와서 비전교회 이춘오 목사님을 추천한 일이 있었습니다. 이춘오 목사님이 천보산 기도원 집회를 딱 하루 인도하시고는 제게 전화를 주셨습니다. 하루 인도한 것뿐인데 다른 곳에서 부흥회 3일을 인도한 것 같다고 하셨습니다. 그 만큼 체력이 많이 필요한 집회가 천보산 기도원 집회입니다.

그런 곳에 몸이 안 좋은 상태로 갔으니 얼마나 힘들었는지 모릅니다. 그런데 놀랍게도 집회 인도를 계속하는 동안 몸 상태가 갈수록 좋아지기 시작했습니다. 원래대로라면 마지막 4일째 되는 날은 기진맥진해야 하는데 오히려 몸이 생생해졌습니다. 그 후로 제 몸은 완전하게 회복되었습니다. 몸이 아픈 중에 전력을 다해 기도한 것이 오히려 몸을 건강하게 만드는 능력이 되었던 것입니다.

***

감동적인 이야기 하나를 소개하려고 합니다. 남편이 은행에서 근무하고 부인은 따로 사업을 하는데, 하는 일마다 번창하여 수억대의 재산을 모은 가정이 있었습니다. 겉으로 보기에는 남부러울 것 하나 없이 다복하고 행복한 가정이었습니다. 하지만 부인은 선천성 심장병 때문에 수면을 제대로 취하지 못해 머리가 아프고 어지러웠습니다. 합병증까지 생겨서 몸은 점점 더 쇠약해지고 기억상실증까지 생기게 되었습니다.

그런데 엎친 데 덮친 격으로 남편이 동업하던 친구에게 배신을 당했습니다. 하루아침에 재산을 몽땅 잃어버리고 빚더미에 올라앉게 되었습니다. 건강도 재산도 모두 잃게 되었습니다. 그

충격으로 부인은 건강이 악화되었고 급기야 병원에서 사형선고를 받았습니다. 그러자 부인은 집안 살림을 하나씩 정리하면서 마음을 정리했습니다.

'나는 이대로 떠나는 거야. 소리 없이 떠나는 거야.'

그런데 감사하게도, 그 부인에게 전도하는 교회 집사님이 있었습니다. 집사님은 부인의 사정 이야기를 알고는 간곡하게, "그러지 말고 교회에 갑시다. 죽더라도 천국에 가야지요. 그리고 혹시 하나님께서 살려 주실지도 모르잖아요? 그러니 교회에 갑시다."라고 권면했습니다. 부인은 죽어 가는 마당에 고집 피울 필요가 뭐가 있는가 싶었습니다. 그래서 순순히 교회에 따라 나섰습니다. 그리고는 하나님 앞에 "하나님, 죽으면 천국 가게 하옵소서. 그러나 하나님께서 살려 주시면 하나님을 위해서 충성되게 일하겠습니다."라고 기도했습니다.

그때부터 철야 기도에도 가고 수요예배, 금요예배에도 참석했습니다. 심지어는 새벽예배에도 빠지지 않았습니다. 몸이 멀쩡한 사람에게도 쉽지 않은 새벽기도인데 다 죽어가는 몸으로 하려니 얼마나 힘들겠냐마는 정말 전력을 다해 하나님께 기도했습니다. 몇 주 하다 만 것이 아니라 한 달, 두 달, 세 달 계속 이어갔습니다. 죽기 전까지는 계속할 작정으로 기도에 매달렸습니다.

그러던 어느 날 간절히 눈물로 부르짖고 기도하기를 계속 하던 중에 특별한 체험을 하게 되었습니다. 눈에서 눈물이 나는데 신세가 처량해서가 아니었습니다. 어쩐 일인지 마음에 기쁨이 넘쳤습니다. 눈에 안대를 한 사람들이 자기 집에서 줄지어 나가는 환상도 보게 되었습니다.

신비한 경험을 한 후 병원에 가서 다시 진찰을 받았는데 부인을 괴롭혔던 심장병과 기억상실증은 사라지고 몸이 정상이 되어 있었습니다. 가장 놀란 것은 의사였습니다. 분명히 같은 사람이고 이전에 찍은 사진도 있는데 병이 그냥 사라져 없어진 것입니다. 부인은 하나님께 감사하며 열심히 봉사와 전도에 앞장을 서고 있습니다.

기도하는 것은 쉬운 일이 아닙니다. 어떤 때는 정말 힘이 듭니다. 피곤하고 졸리고 집중도 안 되고 몸이 찌뿌듯하기도 합니다. 그럼에도 불구하고 하나님의 도움이 아니면 안 되는 것을 알기 때문에 전력을 다해 기도하는 사람들이 많습니다. 이유는 간단합니다. 기도가 헛되지 않다는 것을 알기 때문입니다. 전력을 다한 기도가 얼마나 능력이 있는지 잘 알기에 마지막 남은 힘까지 다 짜내어 하나님께 매달리고 부르짖는 것입니다.

05

죄를 해결하고
기도하라

**내가 내 마음에 죄악을 품으면
주께서 듣지 아니하시리라**

시 66:18

　수도꼭지를 돌리면 물이 나옵니다. 계속 틀어놓고 있으면 온 집안을 다 잠기게 하고도 남을 만큼의 물이 계속 쏟아져 나옵니다. 수도관을 통해 물이 계속 공급되기 때문입니다. 수도권의 끝에 수원지가 있습니다. 팔당댐 같은 수원지의 물이라면 몇몇의 집이 아니라 지역 전체를 잠기게 할 만큼 어마어마한 양이 됩니다. 그러니 어느 한 집에서 수도꼭지를 틀어놓았다고 해서 물이 고갈될 리가 없습니다.

　수원지에는 물이 여전히 가득 차 있는 데도 불구하고 수도꼭지에서 물이 나오지 않을 때가 있습니다. 수도꼭지에서 물이 한 방울도 떨어지지 않습니다. 당연하게도 수도관이 막혀 있을 때 이런 일이 생깁니다. 이런 일이 생기면 수도관을 막고 있는 이물

질을 제거해야 합니다. 그렇지 않으면 아무리 수도꼭지를 틀어도 수원지의 물이 아무리 많다 하더라도 물은 한 방울도 나오지 않습니다.

기도는 수도꼭지를 트는 것입니다. 그러면 수돗물이라는 응답이 옵니다. 수원지이신 하나님은 무한하신 분이기 때문에 아무리 응답을 많이 해주셔도 그 능력이 고갈되는 일은 전혀 없습니다. 세상에 살아있는 모든 사람들에게 일일이 다 응답하시고도 남을 만큼 하나님의 능력은 크고 놀랍습니다. 그런데 기도를 해도 응답이 되지 않습니다. 하나님이 천지를 창조하신 후 세월이 너무 많이 지난 탓에 하나님이 늙고 병드신 것이 아닙니다. 하나님은 변함없이 전능의 하나님이십니다. 능치 못 할 일이 없으십니다. 그런데 수도관에 이물질이 껴서 수도꼭지를 틀어도 수원지의 엄청난 물이 하나도 전달되지 않는 것처럼 하나님과 우리 사이를 이물질 즉 '죄'가 막고 있으면 기도에 응답이 없는 것입니다.

2007년도에는 '1907년 평양대부흥' 100주년이 되는 해였습니다. 각 교단은 대규모 집회를 많이 열었습니다. 이 땅에 다시 한 번 부흥이 일어나기를 원하는 간절한 마음을 표현하며 많은 이들이 체육관 등 넓은 공간에서 연합집회를 열었습니다. 유명한 목사님들이 순서를 맡았고 다양한 프로그램들을 열심히 진행했습니다. 그러나 부흥의 불길이 타오르지 않았습니다. 저는 그 이유가 철저한 회개가 결여되었기 때문이라고 생각합니다.

사실 1907년도의 대부흥운동은 처절하다고 말할 수 있을 정도의 회개 위에 이루어진 것입니다. 부흥운동의 마지막 날 길선주 장로님은 회중들 앞에서 공개적으로 자신의 죄를 회개합니다. 그때의 모습을 그의 아들 길진경은 이렇게 기록했습니다.

"갑자기 길선주 목사가 일어나 자신은 형제들을 질시했을 뿐만 아니라 특히 방위량W. N.Blair 선교사를 극도로 미워했음을 회개한다고 하며 보기에도 비참할 정도로 땅바닥에 굴렀다. 한 교인이 또 일어나 자신의 죄를 자복하기 시작하였는데, 그는 음란과 증오, 특히 자기 아내를 사랑하지 못한 죄뿐만 아니라 일일이 다 기억할 수 없는 온갖 죄를 자복하였다. 그는 기도하면서 스스로 억제할 수 없을 정도로 울었고, 온 회중도 따라 울었다."

***

하나님께서 사람들의 기도에 응답하시고 사람들이 상상할 수 없는 놀라운 방식으로 부흥의 불길을 내리신 것은 하나님과 사람 사이를 가로 막았던 죄를 해결하였기 때문입니다. 성경은 말씀합니다.

여호와의 손이 짧아 구원치 못하심도 아니요 귀가 둔하여 듣지 못하심도 아니라 오직 너희 죄악이 너희와 너희 하나님 사이를 내었고 너희 죄가 그 얼굴을 가리워서 너희를 듣지 않으시게 함이니 _사 59:1-2

죄가 해결되지 않으면 하나님이 돕지도 응답하지도 않으신다는 것을 우리는 성경 곳곳에서 발견할 수 있습니다. 거꾸로 죄의 문제를 확실하게 해결했을 때 하나님께서 다시 함께 하시며 도우시고 응답하시는 것을 발견할 수 있습니다. 여호수아와 이스라엘 백성들이 여리고 성을 점령할 때의 일입니다. 하나님은 이스라엘 백성들에게 분명하게 말씀하십니다. "너희는 온전히 바치고 그 바친 것 중에서 어떤 것이든지 취하여 너희가 이스라엘 진영으로 바치는 것이 되게 하여 고통을 당하게 되지 아니하도록 오직 너희는 그 바친 물건에 손대지 말라 은금과 동철 기구들은 다 여호와께 구별될 것이니 그것을 여호와의 곳간에 들일지니라 하니라"수6:18-19.

그런데 여리고 점령의 과정에서 문제가 발생합니다. 아간이 하나님의 말씀을 어기고 시날 산의 아름다운 외투 한 벌과 은 이백 세겔과 그 무게가 오십 세겔 되는 금덩이를 보고 탐내어 가로챈 것입니다. 그 물건들을 자기 장막 땅 속에 감추어 두고 시치미를 떼고 있었던 것입니다수7:21. 죄가 있는 상태의 이스라엘 백성들을 하나님께서 돕지 않으십니다. 하나님이 돕지 않으시니 아이 성 사람들과의 전쟁에서 이스라엘은 패배를 당합니다수7:2-5. 여호수아는 옷을 찢고 이스라엘 장로들과 함께 여호와의 궤 앞에서 땅에 엎드려 머리에 티끌을 뒤집어쓰고 저물도록 있다가 통곡하며 기도합니다수7:6-9.

하나님은 여호수아에게 패배의 원인이 이스라엘이 범죄했기 때문이라고 하십니다 수7:11. 그래서 이스라엘 자손들이 그들의 원수 앞에 능히 맞서지 못하고 그 앞에서 돌아선 것이며 그 온전히 바친 물건을 이스라엘 중에서 철저히 제거하지 않으면 하나님께서 다시는 이스라엘과 함께 있지 않겠다고 말씀하십니다 수7:12. 더 나아가서 그 온전히 바친 물건을 이스라엘 가운데에서 제하기까지는 이스라엘의 원수들 앞에 능히 맞서지 못할 것이라고 말씀하십니다 수7:12.

하나님이 함께 하지 않으신다면 기도한들 무슨 유익이 있겠습니까? 죄가 해결되지 않았을 때는 이런저런 내용으로 기도하는 것보다 더 중요한 것이 죄의 문제를 해결 받는 것입니다. 죄의 문제를 해결 받은 후에야 우리가 드리는 기도가 하나님 앞에서 의미가 있는 것입니다. 응답받는 기도가 될 수 있는 것입니다.

아간의 범죄를 이스라엘에게 제거한 후에 하나님은 다시 말씀하십니다. "여호와께서 여호수아에게 이르시되 두려워하지 말라 놀라지 말라 군사를 다 거느리고 일어나 아이로 올라가라 보라 내가 아이 왕과 그의 백성과 그의 성읍과 그의 땅을 다 네 손에 넘겨 주었으니 너는 여리고와 그 왕에게 행한 것 같이 아이와 그 왕에게 행하되 오직 거기서 탈취할 물건과 가축은 스스로 가지라 너는 아이 성 뒤에 복병을 둘지니라" 수8:1-2. 마침내 이스라엘은 승리를 거둡니다 수8:3-23.

기도를 하지만 하나님의 임재를 경험하지도 못하고 기도응

05_ 죄를 해결하고 기도하라

답도 받지 못하는 사람들이 많습니다. 이것은 죄를 해결하지 않은 채 기도하기 때문입니다. 또한 성경에서 말씀하고 있는 죄가 무엇인지 알지 못한 채 인간적인 기준으로 죄를 정의하기 때문입니다. 즉 하나님 보시기에 죄가 여전히 남아 있는데 그것이 무엇인지 깨닫지 못하기 때문에 제대로 회개하지 못하고 기도하니 응답을 받지 못하는 것입니다. 성경에서 죄라고 할 때, 죄란 과녁을 벗어났다는 의미라고 이해하면 쉽습니다. 과녁은 하나님의 말씀입니다. 과녁을 명중시켜야 하는데 과녁인 말씀을 넘어가거나 못 미치거나 빗나가는 그것을 죄라고 부르는 것입니다. 즉 하지 말라고 한 것을 하는 것도 죄지만 하라고 한 것을 하지 않는 것도 죄입니다. 이것을 알지 못하는 사람들이 많습니다.

한 여자 성도가 예수비전교회에 예배를 드리러 왔습니다. 그분은 어릴 때 병원에 가도 아무 소용이 없을 만큼 배가 아팠습니다. 그런데 어머니가 기도해주실 때마다 통증이 사라졌습니다. 어머니가 돌아가실 때도 어머니가 돌아가신 것이 무척 슬프지만 '이제 내 배 아픈 것은 어쩌나' 하고 염려가 될 정도였습니다. 하지만 어머니가 자신의 배를 위해 기도할 때마다 하나님께서 응답하셔서 통증이 사라졌기 때문에 하나님의 살아계심만큼은 확실하게 믿게 되었고 신앙생활을 열심히 했습니다.

그런데 결혼을 하고 보니 시댁 식구들의 박해가 아주 심했습니다. 시댁 식구들의 위세에 눌렸습니다. 단지 마음속으로만 하나님 아버지 품에 돌아가야지 하는 간절함만 품고 예배 출석을 중단했습니다. 시부모님이 돌아가시면 그때 다시 교회를 다녀야지 하는 목마름을 품은 채 살았습니다. 시부모님들을 정말 극진하게 섬겼습니다. 시어머니가 아프실 때는 매주 시댁을 방문하고 병원에 모시고 다녔고 병원비도 마련해드렸습니다. 얼마나 지극 정성이었는지 힘들게 하던 시누이들도 인정하고 고마워할 정도였습니다. 그렇게 최선을 다했습니다. 시어머니가 먼저 돌아가시고 후에 시아버지도 돌아가셨습니다.

이제 그토록 갈망하던 신앙생활을 시작할 수 있게 되었습니다. 알고 지내던 한 권사님의 소개로 예배에 참석하기 시작했습니다. 그런데 하나님을 향해 그토록 목이 말랐던 것에 비해 기도도 되지 않고 마음도 열리지 않았습니다. 두 달 간을 그렇게 힘겹게 예배를 드리다가 목회자인 조카에게 그런 상황을 이야기하고 어떻게 하면 좋을지 상의를 했습니다. 그때 조카 목사님이 성령 충만한 목사님을 만나야 한다면서 저를 추천해주었다고 합니다. 조카 목사님은 감리교단의 목사입니다. 그 목사는 제가 부흥회를 인도할 때 그곳에 있었고 홀리위크에 제가 강사로 갔을 때도 홀리위크를 총진행하는 목사님을 도와 열심히 사역을 했습니다. 그런 인연으로 저에 대해 잘 알고 있었기에 그렇게 추천을 한 것입니다.

주일 낮 예배를 마친 뒤에 함께 이야기를 나누는데, 이 여 집사는 그동안의 사정 이야기를 하시면서 눈물을 뚝뚝 흘리셨습니다. 예배를 드리는 중에 기도의 문도 활짝 열렸다고 하십니다. 그날 저녁예배에도 나오셨고 그다음 수요예배 때도 나오셨습니다. 예배 시간에 얼마나 울었는지 눈이 퉁퉁 부어 있었습니다. 예배를 드릴 때마다 자기도 모르게 자꾸 눈물이 나온다고 합니다.

금요예배 때는 성령님이 강하게 임하셨습니다. 얼마나 통곡을 하면서 울부짖어 기도하는지 그 기도소리를 듣는 제 심령에 큰 감동이 일었습니다. 하나님께서 그동안 응어리졌던 마음을 다 풀어주고 계심을 알 수 있었습니다. 그 후에 심방을 갔는데 한 가지 문제를 해결 받았다고 하십니다. 밤에 잠을 잘 못자서 새벽 3시 경에나 겨우 잠들 수 있었고, 자다가 깨곤 하는데 금요예배 때 실컷 기도하고 간 후 푹 잘 수 있었다고 합니다. 함께 이야기를 나누는 중에, 일시적인 감정 현상이 아니라 이 분에게 정말 하나님의 은혜가 강하게 임하셨음을 깨달을 수 있었습니다. 시부모님에게 정말 잘해서 시누이들조차 다 인정할 정도였는데, 정작 기도 중에 하나님께서 책망하시더랍니다. 육신적으로 아무리 잘해도 그 영혼을 구원하는 것보다 중요한 것은 없는데 시부모에게 복음을 전하지 않고 다른 것만 잘했다는 지적을 받고 통곡하며 회개했다는 것입니다.

맞습니다. 인간적으로 볼 때는, 힘들게 한 시부모님들에게 지극한 정성을 다 했다고 내세울 수 있었습니다. 하지만 하나님 편에서 볼 때, 주님의 지상명령인 복음을 증거 하지 않았습니다. 죄입니다. 세상적으로는, 인간적으로는, 죄가 아닙니다. 그런데 성경적으로는 죄입니다. 세상적인 기준과 말씀의 기준이 이처럼 다릅니다.

예수님은 죄가 말과 행실만이 아니라 마음의 문제라고 말씀하십니다. "또 간음하지 말라 하였다는 것을 너희가 들었으나 나는 너희에게 이르노니 음욕을 품고 여자를 보는 자마다 마음에 이미 간음하였느니라"마 5:27-28. 실제로 아내 외의 다른 여자와 잠자리를 같이 하지 않았다 해도 그런 마음을 품으면 그것으로 간음죄를 범했다는 뜻입니다. 이 말씀에서 자유로울 수 있는 사람이 과연 얼마나 있을까요?

예수님은 세상의 기준으로 볼 때는 도대체 납득할 수 없을 만큼의 강도 높은 말씀을 하십니다. "옛 사람에게 말한 바 살인하지 말라 누구든지 살인하면 심판을 받게 되리라 하였다는 것을 너희가 들었으나 나는 너희에게 이르노니 형제에게 노하는 자마다 심판을 받게 되고 형제를 대하여 라가라 하는 자는 공회에 잡혀가게 되고 미련한 놈이라 하는 자는 지옥 불에 들어가게 되리라"마 5:21-22.

앞에서 저는 길선주 장로가 공개적으로 회개하신 것에 대해 언급했습니다. 자신이 형제들을 질시했을 뿐만 아니라 특히 방위량 선교사를 미워했던 것을 회개한 내용입니다. 세상의 기준으로 보면 코웃음을 칠 내용이지만 성경적으로 보면 길선주 장로가 제대로 회개한 것이 맞습니다. 그리스도인들에게 죄의 기준은 세상이 아니라 하나님의 말씀입니다.

오늘날 기도의 능력을 깊이 경험하지 못하고 기도 응답을 제대로 받지 못하는 사람들이 많습니다. 그 요인들 중 하나가 바로 이 죄의 문제입니다. "내가 내 마음에 죄악을 품으면 주께서 듣지 아니하시리라"시 66:18 라는 말씀대로 마음에 죄를 품고 있으니 하나님께서 그 기도를 듣지 않으시고 응답하지 않으십니다.

사실, 사람들이 자신들의 죄를 자각하지 못하는 것은 죄가 없기 때문이거나 작기 때문이 아닙니다. 하나님의 영광의 빛 앞에 제대로 서본 적이 없기 때문입니다. 마치 어둠 속에 있으면 얼굴이나 옷에 얼룩이 묻어도 알아채지 못하는 것과 같습니다. 그러다가 전등을 켜면 그 빛 덕분에 얼룩이 묻어 있는 것을 알 수 있게 됩니다. 더 밝은 태양 빛으로 나가면 전등 아래에서 볼 수 없던 미세한 흔적들도 볼 수 있게 됩니다.

웃시야 왕이 죽던 해에 이사야는 하나님의 영광을 봅니다. "주께서 높이 들린 보좌에 앉으셨는데 그의 옷자락은 성전에 가득하였고 스랍들이 모시고 섰는데 각기 여섯 날개가 있어 그 둘로는 자기의 얼굴을 가리었고 그 둘로는 자기의 발을 가리었고 그 둘로는 날며"사 6:1-2 하나님을 찬양하는 광경이었습니다. 스랍들은 "거룩하다 거룩하다 거룩하다 만군의 여호와여 그의 영광이 온 땅에 충만하도다"사6:3라고 찬양했습니다.

이 영광스러운 모습을 본 이사야는 귀한 영적 체험을 하게 해 주셨으니 감사하다고 고백하지 않습니다. 스랍들의 모습이 참 놀랍다고 신기하지도 않습니다. 선지자의 입에서는 비명처럼 탄식이 흘러나옵니다. "화로다 나여 망하게 되었도다 나는 입술이 부정한 사람이요 나는 입술이 부정한 백성 중에 거주하면서 만군의 여호와이신 왕을 뵈었음이로다"사6:5.

그 때에 그 스랍 중의 하나가 부젓가락으로 제단에서 활활 불타고 있는 숯을 집어가지고 이사야에게로 날아가서 그의 입에 대면서 "보라 이것이 네 입에 닿았으니 네 악이 제하여졌고 네 죄가 사하여졌느니라"사6:6-7라고 말합니다. 이 대목을 보면 선지자 이사야에게 정말 죄가 있었던 것입니다. 죄가 없는데 스랍이 악이 제하여지고 죄가 사하여졌고 말할 리는 없기 때문입니다.

그렇다면 선지자 이사야가 그 당시의 다른 많은 사람들보다 죄가 더 많았을까요? 그렇지 않습니다. 오히려 이사야는 누구보다도 하나님을 경외하며 하나님 말씀에 순종하며 하나님을 기쁘시게 하려고 발버둥을 친 사람이라고 할 수 있습니다. 그럼에도 불구하고 하나님의 영광의 빛 앞에 서니 죄가 드러날 수밖에 없는 것입니다. 이것이 사람입니다. 자신이 죄인이라는 사실을 알지 못하고 회개하지 않는 것은 죄가 없거나 죄가 아주 작기 때문이 아닙니다. 자신의 실상을 제대로 보지 못하기 때문입니다.

목회자들은 스스로 하나님 말씀 앞에 바로 서야 합니다. 말씀만이 숨겨진 모든 것을 드러내기 때문입니다. 성경은 "하나님의 말씀은 살아 있고 활력이 있어 좌우에 날선 어떤 검보다도 예리하여 혼과 영과 및 관절과 골수를 찔러 쪼개기까지 하며 또 마음의 생각과 뜻을 판단하나니 지으신 것이 하나도 그 앞에 나타나지 않음이 없고 우리의 결산을 받으실 이의 눈앞에 만물이 벌거벗은 것 같이 드러나느니라"히 4:12-13 라고 말씀합니다.

하나님 말씀의 빛 속에서 자신의 본모습을 철저하게 살피면서, 동시에 성도들을 말씀의 빛 속에 세우는 것이 목회자의 사명입니다. 말씀 앞에서 자신의 모습을 제대로 보지 못하면 어떤 죄가 자신의 삶속에 남아 있는지 알 수가 없습니다. 죄의 문제를 해결하지 못한다면 기도응답이 없습니다. 결국, 영적 무기력의 악순환이 끊임없이 되풀이 됩니다.

죄가 얼마나 무서운 것인지 똑바로 알아야 합니다. 주님께서는 너무 심하다고 생각될 만큼 단호하게, "만일 네 오른 눈이 너로 실족하게 하거든 빼어 내버리라 네 백체 중 하나가 없어지고 온 몸이 지옥에 던져지지 않는 것이 유익하며 또한 만일 네 오른 손이 너로 실족하게 하거든 찍어 내버리라 네 백체 중 하나가 없어지고 온 몸이 지옥에 던져지지 않는 것이 유익하니라"마 5:29-30 라고 말씀하셨습니다.

하나님의 말씀을 가까이 하여 그 말씀을 통해 자신을 밝히 보고 죄를 깨닫고 회개를 하면 우리의 기도가 점점 더 강력해집니다. 막힌 수도관 때문에 수도꼭지를 돌려도 물이 나오지 않는 것 같은 그런 공허한 기도가 아니라 수도꼭지를 돌린 만큼 물이 쏟아져 나오는 효과적인 기도가 됩니다.

06

예수님 안에 거하라

너희가 내 안에 거하고 내 말이 너희 안에 거하면
무엇이든지 원하는 대로 구하라 그리하면 이루리라
요 15:7

저는 중학교 때 예수님을 만났습니다. 그리고 하나님의 말씀을 전하는 설교자가 되겠다는 꿈을 가지게 되었습니다. 이때부터 저는 좋은 설교자가 되기 위해 준비해야 할 것이 무엇인지를 생각했습니다. 성경의 사람이 되는 것이 좋은 설교자의 첫째 요건이라고 생각했습니다. 어차피 설교할 때 근간이 되는 것은 성경이고 성경을 제대로 알지 못한 채 설교한다는 것은 있을 수 없는 일이라고 생각했습니다.

성경을 열심히 읽기 시작했습니다. 고등학생 때, 학업에 집중하지 못하고 조금 방황을 한 적이 있었습니다. 하지만 그때에도 성경만큼은 열심히 읽었습니다. 커다란 성경을 가방에 넣고 다니면서 쉬는 시간마다 꺼내어 읽었습니다. 친구들이 이상하게 생각했을 것입니다. 하지만 직접적으로 안 좋게 말하는 친구들은 없었습니다.

신학대학에 들어가서는 더욱 열심히 성경을 읽었습니다. 아침 9시부터 수업이 있으면 8시경에 학교 도서관에 도착해서 성경을 읽고 수업에 들어갔습니다. 수업이 없는 시간이면 역시 도서관에 앉아 성경을 읽었습니다. 이런 제 모습을 본 어떤 선배가 공부는 하지 않고 성경만 읽는다고 야단을 치기도 했습니다. 그 선배가 나중에 제 성적이 자신의 성적보다 낫다는 사실을 알고는 더 이상 아무 말 하지 않았습니다.

성경을 읽는 것에서 그치지 않고 묵상에도 집중했습니다. 성경을 읽다가 마음에 부딪히는 부분이 있으면 볼펜을 들고 묵상한 내용을 노트에 기록했습니다. 또한 기독교 서점에 가서 성경공부 교재들을 사다가 혼자가 열심히 공부했습니다. 그렇게 수백 권의 성경공부 교재들을 공부하다가 어느 시점부터는 교재 없이 혼자서 공부했습니다. 제가 집중해서 한 것 가운데 한 가지는 성경 구절 암송이었습니다. 먼저 60구절짜리 암송카드를 사서 외웠습니다. 그 후에 180구절짜리 암송카드가 나와 있기에 사서 다 외웠습니다. 그 외에 기독교 서점에 새로운 암송 카드가 나오면 사서 모조리 외웠습니다. 더 이상 살 게 없어진 후로는 A4용지에 외우려는 구절들을 인쇄해 가지고 다니면서 암송했습니다. 그렇게 암송했던 성경 구절들이 지금 교회에서 설교하고 외부 집회들을 인도하는데 많은 도움이 되고 있습니다.

좋은 설교자가 되기 위한 둘째 요건은 책을 많이 읽는 것이라고 생각했습니다. 이런 생각을 하게 된 사연이 하나 있습니다. 학생회 시절 기독교에 대해 부정적으로 쓴 책(책 이름은 기억나지 않음)을 읽은 어떤 학생이 담당전도사와 교사들에게 그 내용에 대해 질문했습니다. 그런데 담당전도사도 교사들도 그런 책이 있다는 사실조차 몰랐습니다. 책을 읽은 학생에게 그런 책을 읽지 말라는 말만 했습니다. 하나님 말씀을 무조건 믿어야 한다는 말만 했습니다. 결국 갈등을 해결하지 못한 그 학생은 신앙을 버렸습니다.

나중에 학생들이나 청년들이 제게 이런저런 문제를 가지고 올 때 성경적인 대답을 해주는 것이 가장 우선이겠지만 그밖에도 다양한 지식을 갖추었다가 적절할 때 논리적으로 설명해주는 것도 필요하겠다는 생각이 들었습니다. 설교할 때도, 성도들이 가질 수 있는 궁금함에 대해 때로는 이성적으로 설명해줄 수 있는 실력을 갖추어야겠다는 생각이 들었습니다. 그래서 얻은 결론이 책을 많이 읽자는 것이었습니다.

고등학생 때도 책을 열심히 읽긴 했지만 대학생이 되고 나서 본격적으로 책읽기에 집중하기 시작했습니다. 헤르만 헷세의 작품은 거의 다 읽은 것 같습니다. '유리알 유희', '크놀프 삶으로부터의 세 이야기', '수레바퀴 밑에서', '지와 사랑', '황야의 이리', '고독한 영혼' 등 번역되어 나온 책은 전부 읽었습니다.

칸트의 '순수이성 비판', '실천이성 비판', '이성의 한계 내에서의 종교'라는 책도 대학 때 읽었습니다. 아놀드 토인비의 '역사의 연구', 헤겔의 '역사철학강의', 니체의 '짜라투스트라는 이렇게 말했다' 등도 읽었습니다. 말리노프스키나 레드 클리프 브라운 등의 문화인류학 책도 읽었습니다. 한 때는 심리학과 상담에 관련된 책을 집중적으로 읽기도 했습니다.

그렇게 열심히 책을 읽은 것이 정말 설교에 도움이 되었습니다. 폭 넓게 사고할 수 있는 힘을 기르는 계기가 되었습니다. 그리고 설교를 준비할 때도 도움이 되었습니다. 특히 청년들 집회 인도할 때나 언론에 칼럼을 써서 올릴 때도 많은 도움이 되었습니다. 결혼하기 전까지 데이트 한 번 제대로 못하고 혼자 책 속에 틀어박혀 살았던 것이 당시에는 외롭고 서글프기도 했는데 지금 와서 보니 오히려 큰 유익이 되었습니다.

좋은 설교자가 되기 위한 셋째 요건은 기도를 많이 하는 것입니다. 기도하기 위해 어떤 노력을 기울였는지는 앞에서 이미 충분히 말씀드렸습니다. 지금 이야기하려고 하는 것은 기도하는 시간에 대한 것입니다. 어떤 사람은 기도의 양이 중요한 게 아니라 기도의 질이 중요하다고 하지만 제 경험상 깊은 기도는 많은 기도의 연단 속에서 나옵니다. 양量에서 질質이 나옵니다.

처음에 기도를 하고 깨달은 사실은, 기도하는 시간이 무척 더디게 간다는 것이었습니다. 다른 것을 할 때는 몇 시간이 순식간에 지나가는데 기도는 한참을 한 것 같은데도 30분이 채 안 되었습니다. 이런 이상한 현상이 반복되었습니다. 일부러라도 기도 시간을 늘려야겠다고 작정했습니다. 그래서 알람을 맞춰놓고 알람이 울릴 때까지 버티며 기도하기 시작했습니다.

기도를 많이 하면서 하나님의 은혜를 맛보았습니다. 하나님의 은혜가 임하면서 기도하는 것이 점점 더 즐거워지기 시작했습니다. 게다가 기도 응답을 받으니 기도하는 게 신이 났습니다. 이제 한 시간을 넘겨 기도하는 것은 그다지 어렵지 않게 되었습니다. 기도 시간을 두 시간으로 늘리기는 어려웠습니다. 매일 한 시간씩 기도하기는 수월해졌는데 두 시간씩 기도하기는 만만치 않았습니다. 하지만 포기하지 않았습니다. 노력 끝에 두 시간을 넘겨 기도할 수 있게 되었습니다. 그 후에는 하루에 세 시간씩 기도하는 것도 가능해졌습니다. 그렇게 발버둥을 치다가 문득 든 생각이 있었습니다. '기도라는 것은 하나님과의 대화인데 이렇게 힘들게 기도해야 하는 건가? 대화는 구하기만 하는 게 아니고 듣는 것도 있어야 하고, 때로는 침묵 속에 함께 있는 것만으로도 대화가 가능하지 않은가?' 하는 생각이었습니다.

오로지 많이, 길게 기도하려고 버둥거리는 저를 하나님께서 불쌍히 여기셨고, 그래서 그런 깨달음을 주셨다고 생각합니다. 저는 그 후로 구하는 기도도 하지만 하나님의 음성을 듣고자 했고, 때로는 그냥 하나님 안에 머물러 있기만 했습니다. 너무너무 사랑하고 좋아하는 하나님 안에 그냥 머물러만 있어도 행복했습니다. 그렇게 기도하기를 시작하면서 기도 시간은 더 이상 제게 문제가 되지 않았습니다.

요즘 저는 집회 일정이 없을 때 새벽기도를 한 후 잠시 쉰 뒤에, 아내가 견과들과 우유와 바나나를 섞어서 갈아준 것을 한 잔 마십니다. 그리고는 점심 식사 시간까지 오로지 기도에 집중합니다. 해야 할 일들이 많이 있기 때문에 점심 무렵까지 기도하는 것입니다. 그렇지만 않다면 그렇게 하루 종일이라도 하나님 안에 머물러 있고 싶습니다. 그래서 낮이나 밤에도 여건이 되면 기도하는 시간을 가지는데 덕분에 세 시간 넘게 기도해야지, 네 시간 넘게 기도해야지 하는 것으로 고민할 이유가 사라졌습니다.

정말 감사하게도, 그렇게 주님 안에 머물러 있는 것이 훈련되기 시작하면서 이전처럼 부르짖어 구하는 기도를 할 때보다 훨씬 더 많은 것을 누리게 되었습니다. 우선, 제 성품이 많이 달라졌습니다. 다음으로 설교에 능력이 나타나기 시작했습니다. 제가 구체적으로 구하지 않은 은사들이 자연스럽게 주어지기도 했습니다.

그러면서 가슴 깊이 느끼게 된 것이 있습니다. 하나님이 주시는 어떤 것을 구하는 것보다 하나님을 구하는 것이 기도의 본질이라는 점입니다. 오직 하나님만을 구하고 하나님과 깊이 교제를 나누기만 해도 하나님이 주시는 것들은 자연스럽게 따라온다는 점입니다. 가만 보니 부모와 자녀의 관계도 마찬가지였습니다. 아이들이 무엇인가 달라고 할 때만 대화를 한다면 그것은 안타까운 일입니다. 아버지와 친밀한 그것이 우선입니다. 자녀는 아버지와 친밀하면 아버지가 주시는 것들을 얼마든지 누릴 수 있습니다.

***

요한복음 15장에서, 예수님이 포도나무 비유를 말씀하십니다. 그 비유에서 예수님은 참 포도나무이고 하나님 아버지는 농부입니다[1절]. 예수 믿는 사람들은 나뭇가지입니다. 나뭇가지가 가진 사명은 열매를 맺는 것입니다. 농부는 열매를 맺지 않는 가지는 잘라버리고 열매를 맺는 가지는 더 열매를 맺도록 깨끗하게 해줍니다[2절]. 나뭇가지가 열매를 맺는 비결은 나뭇가지가 열매를 맺기 위해 혼자서 힘쓰고 애쓰는데 있지 않습니다. 가지가 해야 할 일은 딱 하나입니다. 나무에 붙어있는 것입니다. 예수님은 "내 안에 거하라 나도 너희 안에 거하리라 가지가 포도나무에 붙어 있지 아니하면 스스로 열매를 맺을 수 없음 같이 너희도 내 안에 있지 아니하면 그러하리라"[4절]라고 분명하게 말씀하십니다.

예수님은 그리스도인들이 예수님 안에 거하지 않으면 열매를 맺지 못할 뿐만 아니라 아무 것도 할 수 없다고 단언하십니다[5절]. 나아가서 사람이 예수님 안에 거하지 아니하면 가지처럼 밖에 버려져 마르고, 그 말라버린 가지를 사람들이 모아다가 불에 던져 사른다고 말씀하십니다[6절]. 그러니 가지가 받은 사명의 진짜 핵심은, 예수님 안에 거하는 것입니다. 우리가 예수님 안에 거하면 하나님이 찾으시는 열매를 자연스럽게 맺을 수 있게 됩니다.

그런데 주목해야할 부분이 있습니다. 자기 안에 거할 때 열매를 맺는다고 말씀하시던 예수님이 갑자기 "너희가 내 안에 거하고 내 말이 너희 안에 거하면 무엇이든지 원하는 대로 구하라 그리하면 이루리라"라고 기도에 대해 말씀하십니다 7절. 요점은 간단합니다. 예수님 안에 거하는 것이 열매를 맺는 비결이듯이 우리가 기도 응답을 받는 비결도 바로 예수님 안에 거하는 데 있다는 것입니다.

예수님이 제자들을 부르신 목적이 마가복음 3장 14-15절에 나옵니다.

첫째 목적은 자기와 함께 있게 하는 것입니다.

둘째 목적은 보내어 전도하는 것입니다. 전도는 지옥 가야 할 사람을 천국가게 하는 것입니다. 심판 받을 사람을 구원받게 하는 것입니다. 지옥에 떨어져야 할 사람을 천국에 올라가게 하는 것입니다. 그러니 얼마나 귀하고 값진 것입니까? 그렇기에 복음을 전하는 자들의 발이 아름답다고 말씀합니다 롬 10:15.

셋째 목적은 귀신을 내쫓는 권능을 갖게 하는 것입니다. 사람들이 알든 모르든, 원하든 원하지 않든, 하나님의 백성이 아닌 사람은 다 마귀의 권세 아래에 있습니다. 마귀를 따르는 삶을 살고 있습니다 엡 2:2. 그 중 심한 경우는 귀신에게 사로잡혀 정상적인 생활을 하지 못합니다 막 5:2-5. 이런 사람들을 자유하게 하는 사역은 정말 소중합니다. 이 일을 하라고 제자들을 부르셨습니다.

두 번째 목적과 세 번째 목적도 귀하지만 그래서 첫 번째 목적이 가장 귀합니다. 첫 번째 목적은 예수님과 함께 있는 것입니다. 정말 중요한 내용입니다. 주님은 우리가 주님을 위해 많은 일들을 하는 것보다 우리가 주님과 함께 머물러 있는 것을 더 원하십니다. 주님 안에 거하는 것이 다른 모든 사역보다 우선입니다. 사실 주님 안에 거하는 삶이 있을 때 다른 것들도 힘 있게 감당할 수 있다는 것이 영적 원리입니다.

저는 때로 하나님께서 많이 서운하시겠다는 생각을 합니다. 앞서 말했듯 무언가를 구하는 것은 대화의 한 부분인데 구하는 것이 대화의 모든 것이 되어버린 사람들이 많기 때문입니다. 아쉬울 때만, 아쉬운 것을 구하기 위해 말을 걸고 그 외에는 입을 다물고 귀를 기울이지 않는 자녀, 부모와 함께 하는 시간을 갖지 않는 자녀, 그런 모습이 오늘날 많은 그리스도인들의 모습입니다. 그러니 어찌 하나님께서 서운하지 않으시겠습니까? 반대로 그런 사람들이 가득한 세상 속에서 하나님 안에 머물러 있는 시간을 가장 소중하게 생각하는 사람이 있다면 하나님께서 무척 기뻐하실 것입니다.

이스라엘 백성들이 출애굽한 후 그들의 삶의 중심은 회막이었습니다. 그 당시에 하나님을 앙모하는 사람은 다 회막으로 나아갔습니다.출 33:7. 모세 역시 하나님과의 만남을 위해 회막으로 갔습니다 출33:8. 그때 구름 기둥이 내려 회막 문에 서며 여호와께서 모세와 말씀하셨습니다 출33:9. 그 놀라운 광경을 본 백성들은 다 일어나 각기 장막 문에 서서 예배하였습니다 출33:10.

그처럼 모세가 하나님과 대화를 나누고 자기 장막으로 돌아갔습니다. 하지만 모세의 수종자인 여호수아는 회막을 떠나지 않습니다 출33:11. 여호수아의 이 태도는 당시의 다른 젊은이들에게서는 찾아볼 수 없는 것이었습니다. 다른 사람들이 잡다한 것에 마음과 시간을 빼앗기는 동안 여호수아는 하나님과 함께 하는 것이 가장 좋았던 것입니다. 하나님은 이 여호수아를 모세의 후계자로 세우십니다 민27:18.

주님 안에 거하는 것으로 인해 놀라운 응답을 받으며 사역했던 사람 가운데 허드슨 테일러 선교사님을 꼽을 수 있습니다. 허드슨 테일러 선교사님의 선교사역은 모든 선교사들이 모델로 삼을 만큼 탁월했습니다. 허드슨 테일러 선교사님처럼 사역할 수만 있다면 소원이 없겠다는 사람들이 있을 정도입니다. 선교사들만이 아니라 목사들도 허드슨 테일러 선교사님에게서 강한 도전을 받습니다.

허드슨 테일러 선교사님의 삶은 그리 평탄하지 않았습니다. 참으로 많은 아픔을 겪어야 했습니다. 맏딸인 그레이시가 8살 때 갑자기 죽었습니다. 너무나 가슴 아픈 일이지만 그럼에도 불구하고 허드슨 테일러 선교사님은 "다른 아이가 아니라 구원받은 그레이시를 데려가신 하나님께 감사드립니다."라고 감사 기도를 드립니다.

아픔은 여기에서 끝나지 않았습니다. 계속 이어집니다. 상해로 가는 배 안에서 5살 된 아들을 잃었습니다. 어린 아들이 죽었을 때 친구에게 보낸 편지에서 "죽은 아이에 대해서 전혀 걱정하지 않습니다. 예수의 품 안에 쉬고 있기 때문입니다. 저의 눈물은 그칠 줄 모르지만 여전히 하나님께 감사하고 있습니다."라고 썼습니다. 막내아들이 태어난 지 6개월 만에 죽습니다. 이렇게 가슴앓이를 하는 허드슨 테일러 선교사님에게 또 충격적인 일이 일어납니다. 선교 사역을 함께 하면서 서로 힘이 되어주던 아내가 33세의 젊은 나이에 죽었습니다. 허드슨 테일러 선교사님은 가슴이 찢어지는 아픔에 눈물이 멈추지 않았습니다. 그럼에도 불구하고 12년 동안 아내와 함께 살게 해주신 하나님께 감사하고 하나님의 명령대로 영혼들을 구원하는데 더욱 헌신하겠다고 다짐합니다.

허드슨 테일러 선교사님 몸에 병이 생기고 중국의 영혼들을 향한 책임감에 마음이 눌리는 것 역시 큰 고통이었습니다. 이제 그만 선교 사역을 접어야 하는 상황에까지 이르게 되었습니다. 그런 상황에서 허드슨 테일러 선교사님을 다시 붙잡아준 것이 위에 언급한 포도나무 비유의 말씀입니다. 기도 중에 하나님께서 "나는 포도나무요 너희는 가지니 저가 내 안에 내가 저 안에 있으면 이 사람은 과실을 많이 맺나니 나를 떠나서는 너희가 아무 것도 할 수 없음이라"요 15:5 라는 말씀을 들려주셨습니다.

　　허드슨 테일러 선교사님은 그 말씀을 힘입어 모든 난관을 뚫고 나갑니다. 혼자서 무언가를 해보려고 발버둥을 치던 태도를 내려놓고 하나님 안에 머물러 있기를 시작합니다. 하나님이 행하시고 이루시기를 기대합니다. 마침내 허드슨 테일러 선교사님은 회복될 수 있었고 수많은 중국인들을 하나님께 인도하는데 쓰임 받았습니다.

　　예수님 안에 지혜와 지식의 모든 보화가 감추어져 있습니다골 2:3. 그리스도 안에 있으면 새로운 피조물이 됩니다고후 5:7. 예수님 안에 있는 자에게 결코 정죄함이 없습니다롬 8:1. 예수님 안에서 하나님의 은혜가 주어집니다고전 1:4. 그리고 지금 말하는 주제대로 예수님 안에 거할 때 기도 응답이 이루어집니다요 15:7. 만약 기도응답이 없다면 자신이 예수님 안에 거하고 있는지 점검해보면 유익을 얻을 것입니다.

네 입을 크게 열라
내가 채우리라

(시 81:10)

07

보혈을 의지하여
기도하라

*이제는 전에 멀리 있던 너희가 그리스도 예수 안에서
그리스도의 피로 가까워졌느니라*

엡 2:13

    프랑스에 어떤 마술사가 있었습니다. 그는 영매靈媒 역할을 다년간 했습니다. 악령이 이 사람을 노예처럼 부렸습니다. 마귀가 시키는 대로 말하고 행동했습니다. 이 사람은 도무지 마귀에게서 해방 받을 수가 없어서 끌려 다녔습니다. 마음대로 죽을 수도 없었습니다. 이 마술사는 원래 기독교인이었습니다. 하지만 신앙을 버렸습니다. 그러다가 마귀에게 시달리기 시작했습니다. 어느 날 그는 마귀가 나간 틈을 타서 예수 이름을 부르고 다시금 예수님을 믿었습니다. 예수님을 믿는 순간부터는 마귀가 다시 들어오지 못했다가 어느 틈에 다시 들어왔습니다. 그 후로 그 마술사는 석 달 동안이나 괴롭게 시달렸고 잠을 잘 수 없었습니다. 그때 귓가에 세미하게 "예수의 피"라고 하는 음성이 들렸습니다. 그 음성을 듣자 자리에서 일어나서 예수의 피를 찬송하기 시작하였습니다. 그 찬송 소리에 마귀는 두려워하며 떠나갔습니다. 다시는 돌아오지 않았습니다. 예수님이 십자가 위에서 우리를 위해 흘리신 피에 능력이 있기 때문입니다.

***

로버트 로우리 목사님은 버크넬 대학을 우등으로 졸업함과 동시에 모교의 문학교수가 되었습니다. 1845년에 침례교단에서 목사안수를 받고 펜실베이니아의 웨스트 체스터 West Chester 교회에서 목회를 시작했습니다. 그 후에 여러 교회로 옮겨 사역하다가 마지막으로 뉴저지 주의 플레인필드 Plainfield 에 있는 파크 애비뉴 교회에서 목회를 했습니다.

로버트 로우리 목사님이 목회할 1864년 무렵은 남북전쟁 1861~1865 의 후유증으로 인해 미국 사회에 기아와 질병이 창궐해서 많은 사람이 어려움을 겪었습니다. 로우리 목사님이 병든 사람을 돌보던 어느 날 하나님께서 보여주시는 환상을 봅니다. 그때부터 절망이 가득한 시대에 희망적인 찬송을 작사·작곡하여 보급하기 시작합니다. 로버트 로우리 목사님은 요한복음 1장 7절의 말씀으로 은혜를 받고, 오직 예수 그리스도의 십자가에 흘린 보혈의 공로만이 우리의 모든 죄가 씻음 받았음을 고백하는 찬양시를 작사했습니다. 그 찬송이 우리가 사용하는 찬송가(통일찬송가 184장)에도 실려 있습니다.

나의 죄를 씻기는 예수의 피밖에 없네
다시 성케 하기도 예수의 피밖에 없네
나를 정케 하기는 예수의 피밖에 없네
사죄하는 증거도 예수의 피밖에 없네
나의 죄 속 하기는 예수의 피밖에 없네
나는 공로 없도다 예수의 피밖에 없네
평안함과 소망은 예수의 피밖에 없네
나의 의는 이것뿐 예수의 피밖에 없네
영원토록 내 할 말 예수의 피밖에 없네
나의 찬미 제목은 예수의 피밖에 없네
예수의 흘린 피 날 희게 하오니
귀하고 귀하다 예수의 피밖에 없네

예수님의 피에 얼마나 큰 능력이 있는지를 잘 드러내는 이야기 하나가 더 있습니다. 영국에 젊은 나이에 벌써 성공의 길에 들어선 한 변호사가 있었습니다. 어느 날 그는 영국 의사당 앞에서 비중 높은 변호를 하기로 되어 있었습니다. 그러나 그는 그 일에 대해 많은 긴장과 부담감을 가진 나머지 지나친 스트레스로 인하여 그만 쓰러지고 말았습니다. 그 이후 출세 가도를 달리던 그의 인생은 점차 망가지기 시작했습니다. 정신착란 증세로 정상적인 생활을 유지할 수 없었습니다. 급기야 자신이 더럽고 추한 무가치한 존재라고 자학하던 중에 자살을 시도했습니다.

그러나 그는 주변에 있던, 그를 불쌍히 여기며 관심을 가진 그리스도인들을 통해서 복음을 알게 되었고 하나님의 사랑을 깨닫게 됩니다. 자신의 존재를 쓸모없다고 여기며 자살하려 했던 그가 죽음의 쇠사슬로부터 풀려 나오는 데는 10년이라는 긴 시간이 필요했지만 그래도 결국은 온전히 벗어날 수 있었습니다.

그의 인생은 이제 완전히 달라졌습니다. 그는 주님께서 자신의 죄를 담당하여 십자가에 달려 돌아가심으로써 더럽고 추한 자신의 삶이 새로운 삶으로 변했다는 확신 속에 살게 되었습니다. 그리고 그런 삶을 살게 하신 하나님께 시를 쓰며 영광을 돌리는 인생을 살아가게 되었습니다. 이 사람은 영국 문학사에서, 고전 문학가로 손꼽히는 윌리엄 카우퍼입니다. 윌리엄 카우퍼가 스가랴서 13장 1절에서 "그 날에 죄와 더러움을 씻는 샘이"라는 구절을 읽다가 더러움을 씻는 샘이 바로 예수 그리스도께서 십자가에서 흘리신 피라는 사실을 깨달았습니다. 그래서 쓰게 된 찬송시가 우리가 부르는 찬송가(통일찬송가 190장)에 실려 있습니다.

샘물과 같은 보혈은 임마누엘 피로다
이 샘에 죄를 씻으면 정하게 되겠네
저 도적 회개하고서 이 샘에 씻었네
저 도적 같은 이 몸도 죄 씻기 원하네
속함을 얻은 백성은 영생을 얻겠네

> 샘솟듯 하는 피 권세 한없이 있도다
> 날 정케 하신 피 보니 그 사랑 한없네
> 살 동안 받는 사랑을 늘 찬송하겠네

예수님을 믿는다고 하면서 하나님의 아들 예수님이 우리를 위해 흘리신 보혈에 얼마나 큰 능력이 있는지 모르고 산다면 그것이야말로 정말 안타까운 일입니다. 예수님의 보혈의 능력을 모르니 당연히 그 능력을 누리며 살지도 못할 것이니 그것이야말로 정말 큰 손실입니다. 엄청난 액수가 적힌 수표를 가지고도 돈이 없다고 여겨 굶고 있는 사람을 본다면 얼마나 어리석다고 하겠습니까? 예수님을 믿는다면서 보혈의 능력을 경험하지 못하고 사는 것은 그 이상으로 어리석인 일입니다.

성경은 하나님이 예수님의 "피로 화평을 이루사 만물 곧 땅에 있는 것들이나 하늘에 있는 것들이 그로 말미암아 자기와 화목하게 되기를 기뻐하셨다"골 1:20라고 말씀합니다. 땅에 있는 것이든 하늘에 있는 것이든 모든 만물을 하나님과 화목하게 만드는 능력이라니 얼마나 대단한 능력입니까? 그런 능력은 유엔도 세상의 어떤 권세도 가지지 못한 능력입니다.

성경은 또한 우리가 예수의 피를 힘입어 성소에 들어갈 담력을 얻는다고 말씀합니다히 10:19. 거룩한 하나님이 계시는 성소에는 어떤 누구도 함부로 들어갈 수 없습니다. 대통령이 머무는 곳에는 아무나 함부로 들어갈 수 없습니다. 왕이 있는 곳에도 아무나 함부로 들어갈 수 없습니다. 하물며 만 왕의 왕이요 만 주의 주이신 하나님이 계신 성소에 누가 감히 함부로 들어갈 수 있겠습니까? 그런데 예수님의 피를 의지하는 순간 그 하나님이 계시는 성소에 들어갈 자격을 얻게 되니 예수님의 피가 얼마나 놀라운 능력입니까?

비슷하지만, 예수님의 피로 말미암아 전에는 하나님과 멀리 있던 사람들이 이제는 하나님과 가까워지게 된다는 성경 말씀도 있습니다 엡 2:13. 사도 바울이 에베소 교회 성도들에게 쓴 내용입니다. 본래 에베소 교인들은 육체로는 이방인이고, 손으로 육체에 행한 할례를 받은 무리라 자처하는 이들로부터 할례를 받지 않은 무리라고 불렸고, 그리스도 밖에 있었고, 이스라엘 나라 밖의 사람이고 약속의 언약들에 대하여 외인이고 세상에서 소망이 없고 하나님도 없는 자들이었다. 하지만 예수님의 피 덕분에 완전히 새로운 존재가 되었습니다 엡 2:11-13.

여기에서 생각해볼 것이 있습니다. 우리는 예수님의 피로 말미암아 하나님과의 관계가 회복되고 새로운 존재로 탈바꿈 될 뿐만 아니라 예수님의 보혈을 의지하여 드리는 기도로 말미암아 하나님의 크신 역사를 경험하게 된다는 사실입니다. 과테말라의 알모롱가에서 일어난 부흥의 역사는 보혈의 능력을 의지한 기도가 얼마나 엄청난지를 잘 보여줍니다.

원래 알모롱가 주민들은 마시몽이라는 우상을 섬기고 있었습니다. 마시몽은 50-60cm 정도의 크기로서 진흙으로 된 얼굴과 나무로 만든 몸체에 옷을 입혀 놓은 우상입니다. 사람들은 마시몽 앞에 무릎 꿇고 충성의 입맞춤을 바칩니다. 그리고 그 발 앞에다 그들의 빈약한 소득으로 장만한 술병들을 놓고는 이 제물이 축복과 치유를 가져다주기를 기원합니다.

우상 마시몽의 제사장은 우상에게 담배 한 대와 술 한 모금을 바친 후, 자기 입안 가득히 담았다가 광신도들에게 토해냅니다. 이런 행위를 통해 신도들은 일종의 권능이 있는 악마가 나타나 축복을 해 줄 것을 기대하면서 그 앞을 떠납니다. 문제는 그런 우상숭배가 결코 유익한 결과를 가져오지 않는다는 것입니다. 실제로 알모롱가 주민들은 술과 마약, 폭력에 찌든 삶을 살았습니다. 농사도 잘 되지 않았습니다. 그 지역에 형무소가 자그마치 4곳이나 있었습니다. 알모롱가는 말 그대로 저주받은 땅이었습니다.

그렇게 저주받은 땅에서 마리아노 목사라는 분이 사역을 시작했습니다. 마리아노 목사는 원래 가톨릭 신자였고 방탕하게 살았습니다. 그러던 1974년의 어느 날, 예수님이 찾아오셨습니다. 예수님을 만난 마리아노는 예수님을 구주로 영접했습니다. 거듭난 그리스도인이 되었습니다. 그리고는 마침내 하나님의 인도하심을 받아 알모롱가에서 사역을 시작하게 되었습니다.

마리아노 목사는 알모롱가 지역을 위해 기도했습니다. 마리아노 목사가 기도할 때 끝없이 의지하고 강조했던 것은 예수님의 보혈입니다. 마리아노 목사는 예수님의 보혈의 능력이 얼마나 크고 위대한지 알고 있었습니다. 보혈의 능력을 의지하여 기도할 때 흑암의 세력이 무너지고 하나님의 영광이 선포되며 하나님의 나라가 확장된다는 확신을 가지고 있었습니다.

마리아노 목사는 "내 이름으로 일컫는 내 백성이 그 악한 길에서 떠나 스스로 겸비하고 기도하여 내 얼굴을 구하면 내가 하늘에서 듣고 그 죄를 사하고 그 땅을 고칠지라" 대하 7:14 라는 말씀을 붙잡았습니다. 영적 전쟁이 시작되었고 마귀는 엄청난 공격을 해왔습니다. 폭력배들이 총으로 협박했습니다. 마리아노 목사의 아들도 총격을 받았습니다. 그러나 하나님의 특별한 보호하심으로 살아날 수 있었습니다.

알모롱가 주민들은 서서히 변화되기 시작했습니다. 우상숭배에서 벗어나 예수를 믿기 시작했습니다. 병자들이 예수 이름으로 고침을 받는 역사가 일어났습니다. 알콜과 마약, 폭력도 사라지기 시작했습니다. 36개의 술집이 문을 닫았습니다. 범죄자를 가뒀던 4곳의 형무소도 필요 없게 되었습니다. 4곳의 형무소가 결혼과 가족행사를 여는 곳으로 바뀌었습니다.

이 변화를 막기 위해, 2003년에 사탄숭배자들이 과테말라를 찾아왔다고 합니다. 그 교주가 알모롱가를 방문하기로 되어 있었습니다. 그런데 그 교주가 땅에 발을 디디는 순간 정신을 잃고 쓰러졌습니다. 그 후로 사탄숭배자들은 알모롱가의 부흥을 방해하려는 어떤 시도도 할 수 없었습니다. 그와 같은 영적 변화가 일어난 후 저주받은 땅 알모롱가는 비옥한 땅으로 변했습니다. 얼마나 열매들이 잘 자라는지 무, 당근, 양배추 등을 매일 수확해서 도시로 갖다 팔 수 있게 되었습니다. 매일 3트럭 분량의 채소가 생산되던 땅에서 매일 50트럭의 양배추, 무, 당근 등을 생산하여 도시로 내다 팔게 되었으니 말 그대로 기적이 일어난 것입니다. 이렇게 농사를 지을 수 있도록 물이 마르지 않는 것 역시 놀라운 기적입니다.

　이 엄청난 변화를 일으킨 것은 다름 아닌 보혈을 의지한 기도입니다. 무엇보다도 기억해야 할 사실은 우리 역시 예수님의 피를 의지하여 기도할 수 있다는 사실입니다. 실제로 많은 기도자들이 기도할 때 예수님의 보혈로 덮는 기도를 합니다. 즉, "예수님의 보혈로 아무개를 덮습니다. 예수님의 보혈로 우리 가정을 덮습니다. 예수님의 보혈로 우리 교회를 덮습니다. 예수님의 보혈로 이 도시를 덮습니다."라고 기도합니다. 저 역시 "주님의 보혈로 저를 덮어주옵소서. 제 영과 혼과 육이 주님의 보혈 아래 있게 하옵소서."라고 기도합니다. 유월절 어린 양의 피가 묻어 있는 집에 하나님의 심판의 사자들이 침범할 수 없었다면 유월절 어린 양의 본체이신 예수님의 피가 묻어 있는 존재를 마귀가 어찌 건드릴 수 있겠습니까? 보혈로 덮여 있다는 것은 개인이든 가정이든 교회든 그 무엇이든 가장 든든한 보호막 아래 있다는 뜻입니다.

08

성령 충만을
구하라

여호와께서 스룹바벨에게 하신 말씀이 이러하니라
만군의 여호와께서 말씀하시되 이는 힘으로 되지 아니하며
능력으로 되지 아니하고 오직 나의 영으로 되느니라

슥 4:6

중학교 1학년 때 교통사고로 팔을 잃은 후 저는 힘든 시간을 보냈습니다. 첫째로, 통증 때문에 힘들었습니다. 잘려 나가고 남은 부분을 항상 붕대로 감싸고 있었는데 그 부위가 늘 아팠습니다. 살이 아물고 난 뒤에도 아팠지만 아물기 전에는 정말 감당하기 힘들 정도로 아팠습니다.

둘째로, 신경 때문에 힘들었습니다. 분명히 팔이 잘려나갔는데도 제 신경은 팔의 감각을 느끼고 있었습니다. 왼손이 잘려나가서 없는데도 주먹을 쥔 상태도 아니고 손을 편 상태도 아닌 약간 손가락을 구부린 상태로 있는 느낌이었습니다. '아마 트럭에 팔이 깔릴 때의 손 모양이 그렇지 않았나!' 하는 생각이 듭니다.

정상인 사람은 팔이 저리면 주무르고 가려우면 긁어주면 됩

08_ 성령 충만을 구하라

니다. 그러나 제게 문제는 왼팔이 저린데 막상 주무르려면 주무를 팔이 없는 것입니다. 이런 점이 상상 이상으로, 저를 힘들게 했습니다. 대개 사람은 누웠다 일어서거나 앉았다 일어설 때 손으로 바닥을 짚습니다. 그런데 저는 왼팔이 그대로 있다고 느끼기에 무의식적으로 왼팔로 짚고 일어나려고 시도하다가 실제로는 팔이 없기에 왼쪽으로 쓰러집니다. 그리고 몸에 충격을 받습니다.

왼팔을 느끼지 않는 게 좋을 것 같아서 겨드랑이 밑으로 신경을 제거하는 수술을 받기도 했습니다. 그러나 부질없는 짓이었습니다. 의사가 무엇을 잘라냈는지 몰라도 저의 신경은 여전히 왼팔이 있다고 느껴집니다. 공연히 수술을 한 번 더 해서 고생만 한 셈이 되었습니다.

셋째로. 악몽 때문에 힘들었습니다. 교통사고의 충격은 몸만 받은 게 아니었습니다. 외상 후 스트레스 장애라고 부르든 트라우마라고 부르든 간에 저의 정신이 상당한 충격을 받았던 모양입니다. 정서가 계속 불안정했습니다. 왠지 모를 두려움이 마음속에서 꿈틀거렸습니다. 밤에 잠을 잘 때 더 심각했습니다. 꿈에 하늘에서 밀가루 같은 것이 떨어집니다. 그것이 차곡차곡 쌓이면서 삼각형 모양을 이룹니다. 그게 그렇게 무서웠습니다. 별것도 아닌 그것이 왜 그렇게 무섭게 느껴졌는지 그 이유를 지금도 모릅니다. 그 꿈을 자주 꿨습니다.

또 하나의 꿈은 더 끔찍한 것입니다. 꿈속에서, 안양천 둑길을 걸고 있으면 저를 친 트럭이 쫓아옵니다. 그 트럭은 보기만 해도 섬뜩한 존재입니다. 저는 그 트럭을 피해 둑 비탈로 몸을 날립니다. 트럭이 그냥 지나쳐가기를 바라지만 그런 소망은 사치입니다. 트럭이 제가 피한 쪽으로 굴러 떨어집니다. 짐 싣는 곳의 모서리가 가슴을 찍어 누릅니다. 저는 숨이 막히고 고통스러워서 발버둥을 칩니다. 그러다가 눈을 뜨면 비로소 꿈이었다고 알게 되고 안도의 한숨을 내쉽니다. 정말 무서운 것은 그 다음 날 꿈속에서, 그 트럭이 또 저를 쫓아온다는 것입니다. 그 다음 날도 마찬가지입니다. 밤이 오는 게 싫었습니다. 잠이 드는 게 무서웠습니다. 사람이 왜 미치는지를 너무나도 일찍 알았습니다. 차라리 자다가 죽는 게 좋겠다는 생각도 들었습니다.

넷째로, 학교 때문에 힘들었습니다. 병원생활을 너무 오래 하다 보니 정상적으로 진급할 수가 없었습니다. 그 때문에 친구들이 2학년이 될 때 저는 다시 1학년이 되어야 했습니다. 가뜩이나 몸 상태가 엉망이 되어 움츠러든 상황에서 잘 모르는 아이들과 공부를 하려니 쉽지가 않았습니다. 이미 초등학교 6년 동안 친해진 아이들은 자기 집에 친구들을 초대하기도 했고 놀러가기도 했습니다. 그러나 저는 그런 모임에 끼지를 못했습니다. 같이 운동이라도 하면 금방 친해질 텐데 저는 운동도 할 수 없었기에 더 외로웠습니다. 통증, 신경, 악몽, 학교생활 등으로 힘들었지만 정작 제 주변에서 저를 도와주는 사람은 없었습니다. 학교 선생님들이 저를 개별적으로 챙겨주는 것도 아니었고 한 학년 올라간

08_ 성령 충만을 구하라

친구들이 제게 찾아와주는 것도 아니었습니다. 아버지는 여전히 알코올 중독이셨고 어머니는 저를 사랑하셨지만 홀로 4남매를 키우기 위해 일을 다니느라 제게 집중하실 수 없었습니다.

앞뒤좌우가 다 막혀 있으니 저는 바라볼 곳이 위쪽 밖에 없었습니다. 까불며 주일학교를 다녔을 때 주일학교 선생님들이 가르치셨던 말씀, "하나님은 작고 초라한 사람의 기도도 들으신다."는 가르침이 생각났습니다. 수업이 끝나면 교회로 갔습니다. 저는 그렇게 기도를 시작했습니다. 처음에는 어떻게 기도하면 될지 몰랐습니다. 예배당 앞자리에 앉아 울면서 하소연할 뿐이었습니다. "하나님, 저 너무 아파요. 하나님, 저 너무 힘들어요. 세상이 너무 무서워요. 하나님, 저 너무 힘들고 외로워요."라고 그렇게 한참을 기도하다 일어나면 제가 앉았던 자리에 눈물이 잔뜩 고여 있었습니다. 중학교 3년 동안 매일 그렇게 기도했습니다.

그 시절 제가 참 많이 불렀던 찬양이 있습니다. "이 세상은 괴로운 세상, 우리 모두 나그네니 하늘나라 영원한 내 집 하루 속히 찾아가리. 하늘나라 아버지 집은 슬픔 괴롬 죽음 없네. 나는 매일 요단강 건너 하늘나라 찾아가리"라는 찬양입니다. 천국에 가면 슬픔과 괴로움이 없다니 그 천국에 빨리 가고 싶었습니다. 그 천국을 너무나도 소망했습니다. 아버지는 제가 그 찬양 부르는 것을 싫어하셨습니다. 나이도 어린 녀석이 "이 세상은 괴로운 세상" 따위나 부른다고 뭐라 하셨습니다. 저는 아버지가 안 계실 때 그 찬양을 부르고 또 불렀습니다. 덕분에 수십 년이 지난 지금도 그 찬양을 다 기억하고 있습니다.

아무튼 날마다 기도하기 시작하면서 점차 기도의 틀을 갖춰 나가기 시작했습니다. 여전히 울며 기도했지만 분명한 기도 제목들이 생기니 좋았습니다. 기도한다고 당장 환경이 좋아지거나 통증이 사라지거나 문제가 해결된 것은 아니었지만 기도는 분명히 제게 큰 힘이 되었습니다.

그렇게 기도하던 어느 날 기도 중에 입이 꼬이는 것을 느꼈습니다. '내가 한이 많아서 미치는 건가!' 하는 생각에 기도를 중단했습니다. 그런데 한 때문에 생기는 일 치고는 마음이 너무 기뻤습니다. 나중에 알고 보니 기도 중에 성령 충만을 받으면서 방언이 나온 것이었습니다. 성령 충만은 참 희한한 결과를 가져왔습니다. 그토록 크고 무섭던 세상이 만만해 보이기 시작한 것입니다. 세상이라는 거대한 톱니바퀴가 돌아가고 저는 톱니바퀴에 끼어 이러지도 저러지도 못 한 채 매달려 있다고 생각되었는데 성령 충만을 받으니 그게 별 게 아닌 것으로 생각되었습니다.

몸에 얼마나 힘이 들어가는지 무거운 강대상도 번쩍 들어 올릴 것 같았습니다. 발로 벽을 차면 벽이 날아가 버릴 것만 같았습니다. 돌을 손에 쥐고 힘을 주면 돌이 손 안에서 가루가 될 것만 같았습니다. 밖으로 나가 돌을 쥐고 힘을 주었는데 돌은 부서지지 않고 손만 아팠습니다. 실제로 삼손처럼 물리적인 힘이 생긴 것이 아니라 제 속사람이 강하고 담대해진 것이었습니다. 성령 충만 그 자체로는 다양한 기도의 응답은 아니지만 구체적인 응답을 가능하게 하는 능력이 되었습니다. 저는 성령 충만을 받은 덕분에 문제들에서 벗어날 수 있었고 이전과 전혀 다른 삶을 살 수 있게 되었습니다.

가장 단적인 예를 든다면, 열등감과 자격지심에서 벗어날 수 있었다는 것입니다. 저는 한 팔이 사라진 후 사람 눈치를 더 많이 보게 되었습니다. 사람들이 제 잘린 팔을 쳐다보는 것 같아서 싫었습니다. 길을 걸을 때면 아는 사람 뒤 쪽에 서서 왼팔 쪽을 가렸습니다. 뒤를 돌아보지 않았습니다. 누군가가 제 왼쪽 팔을 쳐다보고 있을 것 같았기 때문입니다. 교실에 앉으면 절대로 앞자리에 앉지 않았습니다. 뒤에서 저를 쳐다보는 아이들이 있는 게 부담스러웠습니다. 강단 쪽에서 볼 때 오른 쪽 뒷자리에 앉았습니다. 잘려나간 왼팔이 가장 안 보이는 자리였기 때문입니다.

그런 제가 성령 충만으로 속사람이 강해진 후 상상 속에서나 가능한 일을 현실에서 해냈습니다. 공중목욕탕에 다니기 시작했습니다. 팔 하나 없는 사람이 목욕탕에 들어서면 쳐다보는 사람들이 분명히 있습니다. 하지만 상관없어졌습니다. 저도 저를 쳐다보는 사람을 똑같이 쳐다보면 되니까요. 재미있는 것은, 서로 쳐다보다 눈이 마주치면 상대방이 먼저 고개를 돌린다는 사실입니다. 제가 눈싸움을 그렇게 잘하는 줄 처음 알았습니다. 중요한 영적 원리를 깨닫습니다. 교회 중에는, 말씀 묵상을 어지간히 안 하면서도 자기 자신을 이상하게 쳐다보면 그 눈초리를 온종일 묵상하며 전투력을 키우는 사람이 있습니다. 이것은 속사람이 성령으로 강해지지 않아서 생기는 현상입니다. 성령 충만하면 웬만한 눈초리는 가볍게 흘러버릴 수 있습니다.

제가 왼팔 대신 차고 다니는 의수는 정교하게 만들어져 있습니다. 제 오른손과 의수의 손 색깔을 맞췄습니다. 힘줄이나 손톱의 하얀 부분까지도 진짜처럼 만들었습니다. 그러다 보니 제 왼팔이 가짜인 것을 눈치 채지 못하는 사람들이 많습니다. 그러다가 왼손을 만지게 되면 그제야 진짜 손이 아닌 것을 알게 됩니다. 어른들의 경우 가짜인 줄 알아도 예의상 조용히 넘어가지만 아이들은 다릅니다. 제 작은 아들 효원이가 초등학교 5학년일 때 동현이라는 친구를 전도했습니다. 우연히 제 왼팔을 만진 동현이가 무척 신기해했습니다. 교회에 오면 먼저 저를 찾습니다. 제 팔을 만져보기 위해서입니다. 7주간을 그렇게 만져보더니 8주째에 흥미를 잃었습니다.

동현이가 교회에 처음 왔을 때는 친구가 없었으니 혼자 만지고 말았습니다. 하지만 아는 애들이 옆에 있으면 혼자 만지는 것으로 끝나지 않습니다. 소리쳐 다른 아이들을 부릅니다.

"얘들아 이리와 봐. 이 아저씨 팔이 이상해."

그러면 아이들이 떼로 모여서 제 의수와 오른팔을 번갈아가며 만져봅니다. 만약 제 속사람이 건강하지 못하다면 짜증이 났을 것입니다. 아이들에게 소리를 치고 혼을 냈을 것입니다. "부모들이 누구기에 이렇게 싸가지 없이 애들을 키웠느냐."고 툴툴거렸을 것입니다. 그러나 애들이 난리를 쳐도 저는 아무렇지 않습니다. 실컷 만지게 합니다. 장난도 칩니다.

"애들아 내가 사실은 사람이 아니야. 나 사실은 로봇이야."

그러면 애들이 의아해 쳐다봅니다. 그러면 아이들 앞에서 와이셔츠 단추를 푸르고 의수를 쭉 빼면 아이들이 깜짝 놀랍니다. 장난을 더 치기도 합니다.

"이번엔 머리를 빼줄까?"

그러면서 손을 목에 대면 아이들은 목을 빼지 말라고 합니다. 자기들 눈앞에서 머리를 뺀다는 것은 생각만 해도 무서운 모양입니다.

작년에 국제회의가 있어서 하와이에 갔습니다. 로렌 커닝햄 목사님을 포함해 귀한 분들을 만났습니다. 주일에는 현지 한인 교회에서 청소년들에게 설교했습니다. 그 아이들도 호기심이 동해서 제 의수를 만지고 싶어 했습니다. 미국에 사는 아이들은 한국에 사는 아이들과 다른 점이 있었습니다. 한국에 사는 아이들이 우르르 몰려들어 제 가짜 팔을 만졌다면 미국에 사는 아이들은 길게 줄을 서서 제 팔을 만졌습니다. 앞에 있는 아이가 만지고 빠지면 그 뒤에 있는 아이가 팔을 만지는 식이었습니다. 또 만지고 싶은 아이들은 다시 맨 뒤로 가서 줄을 섰습니다.

여기에서도 중요한 것을 깨닫습니다. 성령 충만하여 속사람이 강건해지면 누가 건드리는 것에 상처받거나 분노하거나 짜증 내지 않을 수 있다는 것입니다. 그러니 성령 충만한 스데반은 자신을 건드리는 정도가 아니라 돌로 치는데도 돌로 치는 무리들을 위해 기도할 수 있었던 것입니다. 누가 자신을 조금 건드렸다고 담을 쌓고 속에 낚시 바늘을 만들어 놓은 후 걸리기만 해보라는 식으로 살아갈 여유가 없습니다. 그런 일에 에너지 빼앗기면 언제 주님이 주신 사명을 감당하겠습니까? 성령 충만하여 열등감에서 벗어나고 자존감이 높아지면 어지간히 건드리는 것으로는 타격을 받거나 열 내지 않을 수 있게 됩니다.

※※※

기도 응답에 대한 이야기를 나누고 있는데 갑자기 성령 충만을 구하라고 하니 헷갈릴 사람도 있을 것 같습니다. 그런데 성령 충만 이야기는 기도 응답과 별개의 이야기가 아닙니다. 오히려 기도 응답과 밀접하게 연결되어 있습니다.

포로기 이후에 예루살렘에 귀환한 지도자들 중에 스룹바벨이

08_ 성령 충만을 구하라

있습니다. 스룹바벨은 하나님을 사랑하고 백성들을 바로 세우려는 지도자였습니다. 스룹바벨은 무너진 백성들의 신앙을 회복시키는데 있어 중요한 요소가 바벨론 왕 느부갓네살에 의해 무너진 예루살렘 성전을 재건하는 것이라고 생각했습니다. 문제는 70년간 포로 생활을 하다가 돌아온 백성들에게는 없는 것이 너무 많다는 것입니다.

첫째로, 돈이 없습니다. 포로로 살면서 재벌이 되어 돌아온 사람이 있을 리 없습니다. 돈 없이 건물을 짓는 것은 예나 지금이나 어려운 일입니다.

둘째로, 건축 자재가 없습니다. 고향에 돌아오면서 건축 자재를 짊어지고 올 수는 없는 노릇입니다.

셋째로, 건축 기술자가 없습니다. 가정집도 아니고 성전을 지으려면 건축 기술이 필요한데 말입니다.

넷째로, 건축을 할 때 꼭 필요한 인부들이 마땅하지 않습니다. 돌아온 백성들 대부분은 건축 일과는 거리가 먼 상황입니다.

장애물이 너무 크고 많기 때문에 "큰 산"이라고 부릅니다 슥 4:7. 까짓 거 작은 산이면 넘어가면 됩니다. 돌아갈 수도 있습니다. 요즘엔 장비가 좋아서 아예 산을 뚫어 터널을 만듭니다. 그러나 "큰 산"은 그럴 수 없습니다. 에베레스트 산은 세계 최고의 등반가들도 올라가다가 부상을 입거나 죽을 정도입니다. 넘어가는 것은 꿈도 꾸지 못합니다. 돌아갈 수도 없습니다. 최첨단 장비를 다 동원해도 터널을 뚫을 수도 없습니다. 스룹바벨 앞을 그런 큰 산이 가로막고 있는 것입니다.

하나님이 성전을 짓고자 하는 스룹바벨의 기도에 현실적으로 응답하시려면 돈을 주시거나 건축 자재를 보내주시는 게 맞습니다. 건축 기술자나 건축 일에 뛰어들 인부들을 보내주시는 게 옳습니다. 그런데 하나님은 전혀 엉뚱한 말씀을 하십니다.

> 여호와께서 스룹바벨에게 하신 말씀이 이러하니라 만군의 여호와께서 말씀하시되 이는 힘으로 되지 아니하며 능력으로 되지 아니하고 오직 나의 영으로 되느니라 _슥 4:6

하나님의 말씀엔 거짓이 없습니다. 진짜 기도 응답과 문제 해결은 성령께 달렸다고 분명히 말씀하고 계십니다. 인간적인 수단과 방법, 지혜와 아이디어를 동원해도 해결할 수 없는 문제를 성령이 역사하시면 해결할 수 있다고 가르쳐주시는 것입니다. 맞습니다. 성령 충만은 가장 강력한 기도 응답입니다. 예수님은 마태복음 7장에서 지속적으로 기도하면 하나님께서 좋은 것을 주신다고 말씀하십니다.

> 구하라 그리하면 너희에게 주실 것이요 찾으라 그리하면 찾아낼 것이요 문을 두드리라 그리하면 너희에게 열릴 것이니 구하는 이마다 받을 것이요 찾는 이는 찾아낼 것이요 두드리는 이에게는 열릴 것이니라 너희 중에 누가 아들이 떡을 달라 하는데 돌을 주며

> 생선을 달라 하는데 뱀을 줄 사람이 있겠느냐 너희가 악한 자라도 좋은 것으로 자식에게 줄 줄 알거든 하물며 하늘에 계신 너희 아버지께서 구하는 자에게 좋은 것으로 주시지 않겠느냐 _마 7:7-11

그런데 같은 내용임에도 불구하고 누가복음 11장에서는 그 좋은 것이 다름 아닌 "성령"이라고 명확하게 지적합니다.

> 내가 또 너희에게 이르노니 구하라 그러면 너희에게 주실 것이요 찾으라 그러면 찾아낼 것이요 문을 두드리라 그러면 너희에게 열릴 것이니 구하는 이마다 받을 것이요 찾는 이는 찾아낼 것이요 두드리는 이에게는 열릴 것이니라 너희 중에 아버지 된 자로서 누가 아들이 생선을 달라 하는데 생선 대신에 뱀을 주며 알을 달라 하는데 전갈을 주겠느냐 너희가 악할지라도 좋은 것을 자식에게 줄 줄 알거든 하물며 너희 하늘 아버지께서 구하는 자에게 성령을 주시지 않겠느냐 하시니라 _눅 11:9-13

결론적으로, 예수님의 말씀을 "기도할 때 하나님께서 응답하셔서 좋은 것을 주신다. 그 좋은 것은 다른 게 아니라 성령이다."라고 해석할 수 있습니다. 맞습니다. 성령 충만은 다른 모든 응답에 우선합니다. 삼위일체 하나님이신 성령님이 우리 안에 충만히 임재하시는 것보다 더 대단하고 엄청난 사건이 어디에 있을까요? 성령님이 우리 안에서 역사하실 때 다른 것들은 얼마든지 해결될 수 있습니다.

우리가 조직에 의존한다면, 조직이 해내는 것을 얻습니다. 우리가 교육에 의존한다면, 우리는 교육이 해내는 것을 얻습니다. 우리가 웅변에 의존한다면, 우리는 웅변이 해내는 것을 얻습니다. 마찬가지로 우리가 성령에 의존한다면, 우리는 하나님이 해내는 것을 얻습니다. - 딕슨

어떤 곳을 채우려면 먼저 그곳을 비워야 합니다. 당신의 인생이 무기력하다면 그것은 당신이 완전하게 성령의 지시를 따르지 않기 때문입니다. - 조지 스위팅

만일 당신이 성령에 의해서 거듭난 사람이라면, 당신은 억지로 하나님을 섬기지 않을 것입니다. 왜냐하면 그때 하나님을 섬기는 것은 자연스러운 일이 될 것이기 때문입니다. 하나님은 우리에게 충만한 사람이 되라고 명령하십니다. 만일 우리가 성령이 충만한 사람이 아니라면, 우리는 우리의 특권 이하로 살고 있는 것입니다
- 무디

성령 충만을 구하십시오. 성령 충만은 예수님이 우리에게 강력하게 내리신 명령입니다. "사도와 함께 모이사 그들에게 분부하여 이르시되 예루살렘을 떠나지 말고 내게서 들은 바 아버지

께서 약속하신 것을 기다리라 요한은 물로 세례를 베풀었으나 너희는 몇 날이 못 되어 성령으로 세례를 받으리라 하셨느니라" 행 1:4-5. 얼마나 중요한 내용인지, 예수님이 부활하시고 승천하시기 직전의 긴박한 상황에서 하신 말씀입니다.

정말 감사하게도 오늘 우리가 살아가는 시대는 성령 충만이 모두에게 허락된 시대입니다. 성경은 분명하게 말씀합니다. "하나님이 말씀하시기를 말세에 내가 내 영을 모든 육체에 부어 주리니 너희의 자녀들은 예언할 것이요 너희의 젊은이들은 환상을 보고 너희의 늙은이들은 꿈을 꾸리라 그 때에 내가 내 영을 내 남종과 여종들에게 부어 주리니 그들이 예언할 것이요 행 2:17-18.

지금은 구약시대와는 달리 여호수아, 엘리야, 엘리사, 삼손, 입다, 예레미야, 다윗 등과 같이 소수의 특정한 인물에게만이 아니라 만민에게 성령 충만을 주는 시대입니다. 그러니 우리는 하나님의 약속을 믿고 성령 충만을 구할 수 있습니다. 성령 충만을 받을 수 있습니다. 성령 충만을 통해, 다른 구체적인 응답을 경험할 수 있습니다.

09

감사하면서
기도하라

> 아무 것도 염려하지 말고 다만 모든 일에 기도와 간구로, 너희 구할 것을
> 감사함으로 하나님께 아뢰라 그리하면 모든 지각에 뛰어난 하나님의 평강이
> 그리스도 예수 안에서 너희 마음과 생각을 지키시리라
>
> 빌 4:6-7

가와가미 기이치는 태평양 전쟁 때 일본 해군장교로 복무했습니다. 전쟁이 끝나 귀국했을 때 폭격으로 황폐해진 거리와 마을들을 보면서 마음이 상했습니다. 게다가 군인을 보면 "저것들 때문에 우리가 패전했다."며 부정적인 태도를 보이는 사람들 때문에 화가 났습니다. 가와가미 기이치의 마음은 매일 절망감으로 가득 찼습니다. 과도한 스트레스는 결국 가와가미 기이치의 몸을 망가뜨렸습니다. 얼굴을 제외한 온몸이 마비되는 병이 생겼습니다. 의사인 후치다 씨의 치료를 받게 되었습니다. 의사가 물었습니다.

"기이치 씨, 낫고 싶습니까?"

"예, 낫고 싶습니다."
"그럼 제가 시키는 대로 할 수 있겠습니까?"
"예, 무엇이든지 하겠습니다."
"그럼, 저를 한번 따라 해보세요. '감사합니다!'"

기이치는 당혹스러웠습니다. "감사합니다"라고 말하라니 어처구니가 없었습니다. 분노와 미움으로 가득 차고 결국 온몸이 마비되는 병까지 생긴 마음에서 "감사합니다"라는 말이 제대로 나오지 않았습니다. 그럼에도 불구하고 의사는 계속 감사할 것을 요구하였습니다. 의사는 "오늘부터 '감사합니다'라는 말을 하루에 1만 번씩 하셔야 합니다. 감사하는 마음만이 당신의 마비된 몸을 치료해 줄 수 있습니다."라고 말했습니다.

솔직히 가와가미 기이치는 자신의 지금 처지가 감사하지 않았고 "감사합니다"라고 말하기가 내키지 않았습니다. 하지만 병을 고치겠다는 의지 하나만으로 날마다 "감사합니다"라는 말을 반복했습니다. 희한하게도, "감사합니다"라는 말을 반복할수록 마음을 가득 채우고 있던 화가 빠져나가기 시작했습니다. 화가 빠져나가니 마음이 가라앉고 평안해졌습니다. 가와가미 기이치의 얼굴 표정과 태도가 변하기 시작하면서 그 때문에 같이 긴장하고 불안해하던 가족들의 마음도 편안해졌습니다. 자연스럽게 집안 분위기도 밝아졌습니다.

어느 날 막내아들이 감나무에서 잘 익은 홍시 두 개를 따서 기이치에게 주었습니다.

"아버지, 감 드세요!"

아들이 주는 것이니 "감사합니다"라는 말을 하지 않아도 되는데 하도 습관이 되어서 자기도 모르게 "감사합니다"라고 말하면서 감을 받으려고 손을 내밀었습니다. 그때 마비되어 움직이지 못하던 손이 움직여지면서 감을 잡을 수 있었습니다. 감을 주던 막내아들도 감을 받아든 아버지도 깜짝 놀랐습니다. 손이 움직여지기 시작한 기적만으로 끝이 아니었습니다. 이어서 팔, 다리, 온 몸체가 움직여지기 시작하였습니다. "감사합니다"라는 고백이 가져온 기적이었습니다.

***

감사 기도로 질병을 치료한 예를 하나 더 소개하려고 합니다. 어느 교회의 목사 부인이 위암 판정을 받았습니다. 그 후 입을 굳게 다물고 미음도 일절 입에 대지 않았습니다. 한창 나이에 이 지경이 된 것은 개척교회 시절에 겪은 극심한 고생 때문이라고 생각했습니다. 다시 말해서, 남편 때문이라는 생각이 들었고 자연히 남편과 하나님에 대한 원망이 싹터 올랐습니다.

그러던 어느 날 목사님은 감리교 신학대학의 윤성범 학장님을 만났는데 학장님이 이 목사님의 얼굴을 보더니 "목사님, 얼굴

09_ 감사하면서 기도하라

이 어둡군요. 무슨 일이라도 있나요?"라고 물었습니다. 목사님은 형편을 이야기했고 그 이야기를 듣자 학장님이 "노트를 한 권 사다가 아내에게 주세요. 그 노트에 감사할 일만 생각나는 대로 적으라고 해보세요."라고 제안을 했습니다.

그 목사님은 윤성범 학장님의 제안대로 즉시 노트와 볼펜을 사들고 아내에게 갔습니다. 아내의 반응은 예상했던 대로 부정적이었습니다.

"이 마당에 무슨 감사할 일이 있다고 그러세요."

그렇지만 그 목사님이 방을 나간 후 시간이 한참 지난 뒤에 아내는 그 노트에 평범하고 작은 것들이지만 감사의 내용을 적기 시작했습니다. 그러다가 문득 하고 싶은 일이 생각났습니다. 감사하다는 말을 직접 하고 싶었습니다. 가장 가까운 사람부터 찾아다니며 감사하다는 말을 했습니다. 하나님께는 감사의 기도를 드리기 시작했습니다. 날마다 그렇게 감사 인사와 감사 기도를 이어가는 중에 신기한 일을 경험하게 되었습니다. 몸의 통증이 점점 사라지고, 다리에 힘이 생기는 것이었습니다.

그렇게 감사 인사와 감사 기도를 다니다가 정해진 진료 시간에 병원에 갔는데 검사 결과를 본 의사가 깜짝 놀랐습니다. 암세포가 다 사라졌기 때문입니다. 분명히 사진을 보면 같은 사람의 사진인데 새로 찍은 사진에 암세포가 전혀 보이지 않았습니다.

그러니 놀랄 수밖에요. 남편 탓하고 하나님을 원망하며 시간을 보냈다면 경험할 수 없었을 기적입니다. 감사 기도가 이런 역사를 가능하게 한 것입니다.

✱✱✱

어떤 여 집사 이야기를 읽은 적이 있습니다. 감사할 때 기적이 일어나고 감사 기도해야 기도가 응답된다는 설교를 들은 이 여 집사는 고민에 빠졌습니다. 순종을 하기는 해야 하는데 매일 술에 쩔어 밤늦게 귀가하는 남편을 보면 도대체 감사 기도를 할 수 없었기 때문입니다. 자신을 절제하며 술을 적당히 마시는 남편을 둔 사람들이 부러울 뿐이었습니다.

그 날도 인사불성이 되어 집 앞에 쓰러진 남편을 힘겹게 끌어다가 겨우 자리에 눕혔습니다. 제대로 씻지도 않은 채 술에 만취해 인사불성이 된 남편을 보니 속이 뒤집혔습니다. 감사 기도가 아니라 "하나님, 나는 왜 이런 남자와 결혼해서 이 고생을 해야 합니까?"라는 탄식 기도가 나왔습니다. 이런 남편을 의지하고 살아야 하는 자신의 처지가 너무나도 딱했고 앞날을 생각하니 막막하기만 했습니다. 하염없이 눈물만 나왔습니다. 그렇게 울면서 하소연을 하는 중에 감사 기도해야 응답이 온다는 설교가 문득 떠올랐습니다.

하지만 아무리 감사 조건을 찾으려 해도 감사할 거리가 없었습니다. 한참을 고민하며 찾아낸 감사의 고백이 "하나님, 감사할 것이 하나도 없는 것을 감사드립니다."라는 것이었습니다. 그래 놓고도 계속해서 감사 조건을 찾았습니다. 그러다보니 놀랍게도 감사할 거리가 있었습니다.

옆에서 코 골며 자는 남편을 쳐다보니 그래도 과부보다는 낫다는 생각이 들어 과부가 아닌 것에 감사했습니다. 지금은 저 모양이지만 그래도 심성이 나쁜 사람은 아니니 언젠가는 좋은 남편이 될 가능성이 있어서 감사했습니다. 저토록 술에 취했어도 다른 데 안가고 집을 찾아오니 감사했습니다. 게다가 토요일은 술을 더 많이 마시는데 그 덕분에 주일에 내쳐 자느라 교회에 다녀오는 것을 막지 않으니 감사했습니다.

이 여 집사는 점점 억지로가 아니라 기쁨으로 감사 기도를 드리게 되었습니다. 이렇게 기도하는 중에 갈증을 느낀 남편이 눈을 뜨고 보니, 아내가 웃으며 기도하고 있는 것이 보였습니다. 남편은 깜짝 놀라 아내에게 묻습니다.

"여보, 한밤중에 잠은 안자고 미친 사람처럼 뭐 하는 거야? 뭐가 좋아서 그렇게 싱글싱글 웃는 거야?"

남편은 아내의 대답에 자기 귀를 의심하였습니다. 아내에게서 "여보, 당신하고 사는 것이 너무 감사해서 그래요."라는 대답을 들었기 때문입니다. 말이 나온 김에 이제껏 자기기도였던 감사조건을 남편에게 모두 말했습니다. 그러자 잠잠히 듣던 남편이 "여보, 내가 예수 믿는 게 그렇게 소원이면, 내가 오늘부터 예수 믿어 줄게."라고 말했습니다. 10년 동안 기도해도 이루어지지 않던 소원이 단 한 번의 감사 기도로 이루어진 것입니다.

성경은 감사로 드리는 기도에 하나님의 도우심이 있다고 분명하게 말씀합니다.

> 아무 것도 염려하지 말고 다만 모든 일에 기도와 간구로, 너희 구할 것을 감사함으로 하나님께 아뢰라 그리하면 모든 지각에 뛰어난 하나님의 평강이 그리스도 예수 안에서 너희마음과 생각을 지키시리라 _빌 4:6-7

생각이 복잡하고 마음이 불안하면 사는 게 너무나도 고달프게 됩니다. 그러나 하나님의 평강이 생각을 지켜주신다면 더 이상 생각이 복잡하거나 두통에 시달릴 일은 없을 것입니다. 하나님의 평강이 마음을 지켜주신다면 더 이상 불안해하거나 답답해할 일은 없을 것입니다. 놀랍게도 감사로 하나님께 아뢸 때 그와 같은 역사를 주신다고 성경은 가르쳐주고 있습니다.

감사 기도로 하나님의 역사를 경험한 사람이 구약에 등장합니다. 다니엘입니다. 그는 다리오 왕의 신임을 많이 받는 것으로 인해 정적들에게 미움의 대상이 되었습니다. 다리오 왕이 다니엘을 더 높이고자 했습니다. 그럴수록 다니엘 때문에 자신들이 빛을 보기 어렵다는 판단이 드는 것입니다. 정적들은 다니엘

09_ 감사하면서 기도하라

을 실각시킬 문제를 찾고자 했으나 찾을 길이 없었습니다. 고위직의 다니엘이 부정을 저지른 것이 하나도 없었기 때문입니다_단 6:1-4_. 정치적인 면에서 흠을 찾지 못한 정적들은 신앙 면에서 올무에 걸 수 있는 내용을 찾기로 했습니다. 그들은 다리오 왕에게로 쪼르르 몰려갑니다. 다리오 왕에게 한 법률을 세워서 이제부터 삼십일 동안에 누구든지 왕 외의 어떤 신에게나 사람에게 무엇을 구하면 사자 굴에 던져 넣기로 하자는 제안을 합니다. 다리오 왕 입장에서 생각해볼 때 자신의 권위를 더 높이는 내용이니 반대할 이유가 없었습니다. 왕은 도장을 찍은 금령을 반포합니다_단 6:5-9_.

다니엘 입장에서는 보통 난처한 금령이 아닙니다. 다니엘은 날마다 예루살렘으로 향한 창문을 열고 기도했기 때문입니다. 무너진 예루살렘의 회복을 위해 하나님께 간절히 기도해 왔는데 이제 하나님께 기도하면 사자 굴에 던져지고 사자들에게 찢겨 죽을 상황이 되었습니다.

자신을 올무에 걸려고 일부러 이 난처한 상황을 만든 정적들을 이를 갈며 미워할 수 있었을 것입니다. 정적들의 간교한 꾀를 분별하지 못한 채 그들에게 속아 금령을 내린 다리오 왕에게 섭섭할 수 있었을 것입니다. 살아계시고 전능하시다고 하면서 이런 일 하나 막아주시지 않는 하나님을 향해 불편한 마음이 생길 수도 있었을 것입니다. 곧 자신이 던져질 사자 굴에서 입을 벌리고 기다리는 사자들을 생각하면서 마음에 두려움이 가득 찰 수도 있었을 것입니다.

그러나 다니엘은 위의 내용들 중 그 어떤 모습도 드러내지 않습니다. 다니엘은 조서에 왕의 도장이 찍힌 것을 알고도 행동을 바꾸지 않습니다. 자기 집에 돌아가서 윗방에 올라가 예루살렘으로 향한 창문을 열고 전에 하던 대로 하루 세 번씩 무릎을 꿇고 기도하며 그의 하나님께 감사할 뿐이었습니다 단6:10.

저는 다니엘 6장 10절의 내용 중에서 "전에 하던 대로"라는 표현에 깊은 감동을 받았습니다. 그리고 그 구절을 가지고 "전에 하던 대로의 영성"이라고 이름을 붙였습니다. 평상시에 기도하지 않던 사람이 결정적일 때 깊이 기도하는 것은 쉬운 일이 아닙니다. 그러나 평상시에 늘 기도하던 사람은 결정적일 때 자연스럽게 기도가 나옵니다. 감사도 마찬가지입니다. 늘 감사하며 살 줄 아는 사람이 절박할 때에도 감사의 고백을 할 수가 있는 것입니다.

다니엘이 기도하는 모습을 확인한 정적들은 환호성을 질렀을 것입니다. 이제야말로 눈에 가시인 다니엘을 제거할 수 있게 되었다고 기뻐했을 것입니다. 그들은 다리오 왕에게 찾아가서 고발합니다. "왕이 이미 금령에 왕의 도장을 찍어서 이제부터 삼십 일 동안에는 누구든지 왕 외의 어떤 신에게나 사람에게 구하면 사자 굴에 던져 넣기로 하지 아니하였나이까?……왕이여 사로잡혀 온 유다 자손 중에 다니엘이 왕과 왕의 도장이 찍힌 금령을 존중하지 아니하고 하루 세 번씩 기도하나이다" 단6:12-13 라고 일러바

칩니다.

다리오 왕은 내키지 않았지만 자신이 직접 어인을 찍은 법령이니 어찌지 못하고 다니엘을 사자 굴에 던져 넣게 합니다. 그는 안타까운 마음으로 다니엘에게 "네가 항상 섬기는 너의 하나님이 너를 구원하시리라"라고 말합니다. 다니엘이 사자 굴에 던져진 후 왕은 궁에 돌아가서는 밤이 새도록 금식하고 오락을 그치고 잠자기를 마다합니다. 그 만큼 슬퍼했습니다 단6:14-18.

이튿날 새벽에 다리오 왕은 급히 사자 굴로 가서 "살아 계시는 하나님의 종 다니엘아 네가 항상 섬기는 네 하나님이 사자들에게서 능히 너를 구원하셨느냐?"라고 슬프게 소리 지릅니다. 왕은 대답을 기대하고 묻는 게 아닙니다. 대답을 기대했다면 슬프게 소리 지르지 않았을 것입니다 단6:19-20. 그때 사자 굴 속에서 다니엘의 목소리가 들립니다. "왕이여 원하건대 왕은 만수무강하옵소서. 나의 하나님이 이미 그의 천사를 보내어 사자들의 입을 봉하셨으므로 사자들이 나를 상해하지 못하였사오니 이는 나의 무죄함이 그 앞에 명백함이오며 또 왕이여 나는 왕에게도 해를 끼치지 아니하였나이다" 단6:21-22. 다리오 왕은 심히 기뻐서 명하여 다니엘을 굴에서 끌어올립니다. 혹시나 몸에 상처라도 생겼나 확인하니 몸이 조금도 상하지 아니하였습니다. 왕이 다니엘을 참소한 사람들을 끌어오게 하고 그들을 사자 굴에 던져 넣게 하였더니 그들이 굴 바닥에 닿기도 전에 사자들이 곧 그들을 움켜서 그 뼈까지도 부서뜨렸습니다 단6:23-24.

엉뚱한 가정이긴 하지만 다니엘이 자신의 처지를 저주하고 왕과 정적들을 원망하는 가운데 이를 갈면서 사자 굴에 들어갔다면 어떻게 되었을까요? 살아계신 하나님의 역사를 경험하지 못했을 것입니다. 사자들의 이빨과 발톱이 다니엘의 몸을 갈기갈기 찢어버리고 말았을지도 모릅니다. 그런데 그 절망적인 순간에 감사로 기도드리니 하나님의 역사를 경험할 수 있었습니다.

***

사실, 좋은 일이 생겼을 때 하는 감사도 귀한 것이지만 감사하려야 할 것이 손톱만큼도 보이지 않는 최악의 상황에 처했음에도 불구하고 하나님만 바라보고 감사할 때 그 감사는 정말 값진 것입니다. 하나님은 그런 감사를 드리는 사람을 기뻐하시고 원수 마귀는 그런 감사를 드리는 사람 앞에서 소름이 돋을 것입니다. 그런 면에서 볼 때, 신앙의 자유를 찾아 메이플라워호를 타고 영국을 떠난 청교도들의 감사는 오늘날 우리에게 강한 도전을 줍니다. 그들은 신앙 때문에 고향을 등져야 했습니다. 배를 타고 이동하는 동안 정말 많은 고생을 했습니다. 병든 이도 생겼고 죽는 이도 생겼습니다. 그렇다고 도착하는 곳에 살 집이 마련되어 있는 것도 아니고 생계유지할 직장이 준비되어 있는 것도 아니었습니다. 정말 모든 것이 최악이었고 하루하루 살아가는 것이 막막한 처지였습니다. 그럼에도 불구하고 청교도들은 몹시 추운 겨울, 12월에 미국 동부 해안인 플리머스에 도착했을 때 하나님께 7가지 감사 기도를 드렸습니다.

1) 180톤 밖에 안 되는 작은 배이지만 이 배를 주심을 감사드립니다. 배가 없었다면 이동할 수 없었을 텐데 이동 수단을 주셔서 감사합니다.

2) 평균 시속 2마일(시속 3.2km) 밖에 안 되는 느린 항해였지만 117일간 계속 전진할 수 있게 해주셔서 감사합니다.

3) 항해 중에 죽은 사람들이 있으나 그 와중에도 아이가 태어나게 하셨음을 감사합니다(아무런 조건도 갖추어 있지 않는 상황에서 어떻게 출산을 했는지도 궁금합니다).

4) 폭풍으로 중심 되는 큰 돛이 부러졌으나 그럼에도 불구하고 배가 파손되지 않았음을 인하여 감사드립니다.

5) 여자들 몇몇이 파도에 휩쓸려 갔지만 모두 구출되게 해주셔서 감사드립니다.

6) 인디언들의 방해로 착륙지를 찾지 못해서 바다에서 방황했지만 호의적인 원주민들이 사는 상륙지점으로 인도해주셔서 감사합니다.

7) 고통스러운 긴 항해 가운데서 단 한 명도 다시 영국으로 돌아가자는 사람이 없었음을 인하여 감사드립니다.

지금의 미국이 많은 문제를 가지고 있음에도 불구하고 여전히 세계에서 가장 힘 있는 나라로 영향력을 가지고 있는 것은 다 이유가 있다고 생각됩니다. 처절한 고난 속에서도 감사를 드리는 감사의 기초 위에 나라가 세워졌기 때문입니다. 개인도 감사로 기도할 때 하나님의 역사를 경험하지만 한 국가도 감사의 기도가 넘칠 때 하나님의 역사를 경험할 수 있다고 확신합니다.

10

감동이 오면
순종하라

*이에 다윗이 여호와의 명령대로 행하여 블레셋 사람을 쳐서
게바에서 게셀까지 이르니라*

삼하 5:25

    고등학교를 졸업하고 서울신학대학교에 진학했습니다. 하지만 그때까지도 판자촌에서 살고 있던 가족 형편상 등록금을 마련하기가 쉽지 않았습니다. 저는 돈을 벌어야 했고 일자리를 찾아야만 했습니다. 팔 하나가 없는 저로서는 할 수 있는 일이 거의 없었습니다. 팔 하나로는 노동일 같은 것은 꿈도 꿀 수 없었습니다. 물건을 나르는 일도 구할 수 없었습니다. 그러다가 '성서교재 간행사'에서 책을 판매하는 일을 하게 되었습니다. 전집류는 무거워서 제가 들 수 없었지만 책이 아니라 전집 그림과 소개 글이 적혀 있는 카탈로그만 가지고 다니면 되었으니 별 문제가 없었습니다. 제가 일단 계약만 하면 출판사가 계약서에 적힌 주소로 전집을 배송했습니다.

저는 책을 사 줄만한 사람을 찾아 이리저리 돌아다녔습니다. 성서대백과사전의 경우에는 일반 성도들보다는 목회자들에게 더 필요했습니다. 그래서 목회자들이 주요 고객이 되었습니다. 지금 와서 생각해보니 그때 책을 구입해주었던 분들 중 상당수는 책이 꼭 필요해서라기보다는 책을 팔러 다니는 제가 안쓰러워서 일부러 책을 사주었던 것 같습니다.

어느 날 교회에 가서 기도를 하는데 기도 중에 "책 외판원 노릇을 그만 둬라"라는 하나님의 감동이 왔습니다. 저는 하나님께 말씀을 드렸습니다.

"하나님. 제게는 등록금을 낼 돈이 없습니다. 일을 해야만 합니다. 더구나 이제 조금만 더 하면 월급을 타는 날인데 그만 두라니요?"
"네게 필요한 것은 내가 공급할 것이다."

기도 중에 감동이 오면 순종하는 것이 복이라는 것을 알고 있었기에 저는 하나님께 순종하기로 작정하였습니다. 솔직히 말해서 월급날을 며칠 남겨두고 그만 두어야 한다는 것이 아깝다는 생각이 없었던 것은 아닙니다. 그럼에도 불구하고 순종할 수 있었던 것은 결국 하나님께 순종하는 것이 이익적인 면에서도 훨씬 낫다는 것을 경험했었기 때문입니다.

10_ 감동이 오면 순종하라

책 외판원 일을 그만 둔 후 학교에서 연락이 왔습니다. 한국지도자 육성재단이라는 곳에 제가 장학생으로 추천되었다는 것입니다. 재단에서는 2학년 때까지 제 등록금 전액을 장학금으로 주었습니다. 3학년이 되면서는 고촌장학재단의 장학생으로 선발되었습니다. 고촌장학재단은 종근당이라는 제약회사가 운영하는 곳인데 한 번 선정이 되기만 하면 성적이 B 정도만 되어도 졸업할 때까지 등록금 전액을 주는 최고의 재단이었습니다.

기도하다 보면 때로 하나님께서 감동을 주실 때가 있는데 그때 순종하는 훈련이 필요합니다. 하나님께서 감동을 주셨음에도 불구하고 미루거나 머뭇거리거나 하면서 불순종하면 영적으로 둔해집니다. 어차피 말씀하셔봐야 움직이지 않으니 하나님의 감동도 사라집니다. 반대로 즉각적이고 온전한 순종이 따를 경우 하나님의 역사를 경험하게 되고 영적으로도 더 민감해집니다.

***

아프카니스탄에서 선교사로 사역하던 미국인 크리스터 윌슨 선교사의 이야기는 기도 중에 받은 감동에 온전히 순종할 때 그것이 얼마나 큰 복이 되는지를 잘 보여줍니다. 아프카니스탄에서 가장 중요한 산업은 양을 치는 사업이었습니다. 양은 털을 비롯하여 식용 고기, 그리고 가죽까지 제공해줍니다. 이익을 가장 많이 남길 수 있는 사업입니다.

그런데 어느 해인가 전염병이 돌아 갑자기 양들이 떼로 죽어가는 끔찍한 일이 벌어졌습니다. 전국에 비상이 걸렸습니다. 국민들 모두가 근심 걱정에 사로잡혔습니다. 그때 윌슨 선교사는 사랑하는 선교지인 아프카니스탄을 놓고 하나님 하나님께 간구하기 시작했습니다.

"하나님, 어찌 하면 좋겠습니까?"

하나님께서 응답을 주셨는데 황당한 내용이었습니다. 미국의 롱 아일랜드 산 오리를 아프가니스탄으로 들여오라는 것이었습니다. 양들에게 전염병이 돌아 수많은 양들이 죽어 가는데 오리를 수입해오라니 그처럼 엉뚱한 발상은 또 없을 것입니다. 많은 사람들의 경우 이처럼 어처구니없는 말씀을 들으면 머리를 가로 저으며 그런 생각 자체를 흘려버렸을 것입니다. 그러나 평상시 하나님의 말씀에 철저하게 순종하는 훈련을 해왔던 윌슨 선교사님은 하나님이 주신 감동대로 순종하였습니다. 얼마 후 윌슨 선교사는 항공편으로 상자 하나를 받았습니다. 그 상자 안에는 24개의 오리 알이 담겨 있었습니다. 그 중 22개가 깨어지거나 썩어버려 부화할 수 없게 되어 있었습니다. 윌슨 선교사는 남은 2개의 알을 손에 들고 "하나님, 어찌 하면 좋겠습니까? 이 두 개의 알이라도 부화할 수 있도록 하소서. 암놈과 숫놈으로 태어나길 바랄뿐입니다."라고 간절히 기도했습니다.

윌슨 선교사의 기도대로 그 알들은 각기 암놈과 숫놈으로 부

10_ 감동이 오면 순종하라

화했습니다. 이 오리 한 쌍이 계속 생산을 거듭하여 오리의 수는 점차 많아졌습니다. 이 오리들은 양들이 물을 마시는 냇가에 번식하고 있던 뱀들을 잡아먹었습니다. 그러자 양들에게 번져가던 전염병이 그쳤습니다. 양들에게 전염병을 옮긴 것은 바로 뱀들이었고 오리들이 뱀들을 잡아먹자 전염병이 줄어들기 시작한 것입니다. 윌슨 선교사는 그 공으로 아프카니스탄 당국으로부터 상을 받았습니다.

**

사무엘하 5장에서, 우리는 다윗이 기도 중에 주신 하나님의 말씀에 얼마나 순종을 잘했는지를 확인할 수 있습니다. 다윗이 왕이 된 후 블레셋 사람들이 다윗을 "찾으러" 삼하 5:17 옵니다. 묘한 표현입니다. 다윗을 "찾으러" 오다니요. 다윗은 사울을 피해 도망 다닐 때 블레셋 왕 아기스에게 가서 부하처럼 생활한 적이 있습니다. 그 시절을 기억하고 있던 블레셋 사람들이 다윗을 굴복시켜 부하처럼 다뤄보겠다고 생각한 모양입니다.

다윗을 "찾으러" 온 블레셋 사람들은 정말 많았습니다 삼하 5:18. 그동안 이스라엘은 블레셋에게 계속 얻어터지는 상황이었고 이스라엘이 블레셋을 이긴다는 것은 불가능해 보이는 일이었습니다. 그러나 다윗은 미리 기죽지 않고 하나님께 기도했습니다. 하나님께 "내가 블레셋 사람에게로 올라 가리이까 여호와께서 그들을 내 손에 넘기시겠나이까?"라고 기도했습니다. 그러자 하나님이 "올라가라 내가 반드시 블레셋 사람을 네 손에 넘기리라"삼하 5:19라고 말씀하셨습니다.

하나님의 말씀을 들은 다윗은 망설이지 않았습니다. 즉시 블레셋과 싸우러 나갑니다. 적의 군대가 내 군대보다 많다느니, 적의 무기가 우리 무기보다 월등하다느니, 그동안 블레셋을 이겨 본 적이 거의 없다느니 하는 따위로 핑계거리를 찾지 않았습니다. 하나님은 즉각적으로 순종한 다윗에게 놀라운 승리를 주셨습니다 삼하 5:20.

그 후 블레셋 사람들이 다시 쳐들어옵니다 삼하 5:22. 다윗은 이전에 대승을 거뒀다고 기고만장한 자세로 싸움에 임하지 않습니다. 다시 그 문제를 가지고 하나님께 나아가 기도합니다. 그때 하나님께서는 "올라가지 말고 그들 뒤로 돌아서 뽕나무 수풀 맞은편에서 그들을 기습하되 뽕나무 꼭대기에서 걸음 걷는 소리가 들리거든 곧 공격하라 그 때에 여호와가 너보다 앞서 나아가서 블레셋 군대를 치리라"삼하 5:23-25 하는 정말 엉뚱한 말씀을 하십니다. 나무 꼭대기에 사람이 올라가 걸음을 걸을 수 없습니다. 따라서 뽕나무 아래쪽에서라면 몰라도 뽕나무 꼭대기에서 걸음 걷는 소리가 들릴 리는 없습니다. 그러나 다윗은 하나님이 주신 말씀이 이상하다고 해서 흘려버리지 않습니다. 하나님의 명령대로 행합니다 삼하 5:25. 다윗은 참으로 하나님의 말씀에 순종을 잘하는 사람입니다.

10_ 감동이 오면 순종하라

　김길복 집사(지금은 권사님이 되셨을 수 있겠지만)가 쓴 「천국 혼자갈 순 없잖아요」라는 책을 재미있게 읽은 적이 있습니다. 김길복 집사는 소녀 때부터 목숨 걸고 예수를 믿었습니다. 아가씨가 되어서도 믿음 생활을 열심히 했고 시집을 가 새댁이 되었을 때도 변함없이 예수님을 향한 열정이 뜨거웠습니다.

　어느 날 김길복 집사가 부천에 있는 어떤 개척교회가 재정이 없어서 월세도 못내는 형편이라는 소식을 들었습니다. 그 교회 소식을 들은 후 안타까운 마음으로 기도하는데 "네가 그 교회에 가서 전도해줘라."라는 하나님의 감동이 왔습니다. 사실, 주님의 지상명령이 전도이지만 그 명령에 온전히 순종하는 사람이 많지 않습니다. 하물며 다른 교회에 가서 전도해주라는 말씀이니 그냥 흘려버릴 수도 있는 상황입니다. 그러나 하나님께 순종하는 훈련이 잘 되어 있던 김길복 집사는 하나님의 감동대로 순종했습니다. 오전에는 섬기는 교회에서 예배드리고 오후에는 부천에 가서 전도하기로 했습니다. 교회를 찾아가서 전도지를 달라고 하니 전도지가 없다는 말과 함께 주보 40장만 주었습니다.

　집사님은 그 주보를 받아가지고 하나님께 기도했습니다.
　"전도를 어떻게 해야 하나요? 방법 좀 가르쳐주세요. 하나님 아버지. 하나님께서 택한 백성이라면 내 눈과 마주쳤을 때 불똥이 튀게 해주세요. 그러면 제가 이 주보를 건네주면서 '예수 믿으세요' 할 테니 그 영혼 꼭 교회로 보내주세요."

막상, 밖에 나가 전도를 하는데 눈에 불똥 튀는 사람이 없었습니다. 마음이 너무나도 절박해졌습니다. 그래서 지나가는 아저씨에서 "아저씨, 예수 믿으세요."라고 소리를 질렀습니다. 그러자 그 아저씨가 놀라서 도망을 치더랍니다. 이렇게 말만 할 게 아니라 주보를 전해줘야 하는데 손이 떨려서 줄 수가 없었습니다.

이 정도면 포기할 만합니다. 공연히 부천까지 왔다며 전철 타고 돌아갈 수 있을 것입니다. 그러나 김길복 집사는 기도 중에 하나님이 주신 감동이니 순종해야 한다는 감동이 왔습니다. 집사님은 전봇대를 부여잡고 울었습니다. 서러워서 울고 속상해서 울고 창피해서 울었습니다. 콧물 눈물 철철 흘리면서 울었습니다. 그렇게 몇 시간을 울면서 전봇대 잡고 기도하다가 눈을 떴는데 주위에서 웅성거리는 소리가 들렸습니다. "야 쓸만한데 아깝다. 괜찮게 생겼는데 왜 미쳤을까?"라고 수군거렸습니다. 미친 여자 구경한다고 사람들이 빙 둘러섰던 것입니다. 부끄럽고 창피해서 다시 눈을 감고 기도했습니다.

"주여 조금 전에는 팔이 달라붙더니 이제는 저 많은 사람들이 미친년 구경한다고 저를 쳐다보고 있는데 어떻게 합니까? 이왕에 미친년 되어 눈 감고 있으니 저들과 시선이 마주치지 않아 그나마 다행이지만 언제까지 이러고 있을 수는 없는 노릇 아니예요. 너무너무 두렵고 종잡을 수 없는 이 몸 불쌍히 여겨 붙잡아주시고, 이 상태에서는 억울해서 저도 더 이상 물러설 수 없사오니 성령님이 강하게 역사하셔서 미친 듯이 예수 복음 전하고 물러가게 도와주시옵소서."

울며불며 기도하다가 눈을 떴는데 웬 남자가 눈앞에서 불쌍하다는 듯이 바라보고 있었습니다. 김길복 집사가 얼마나 놀랐는지 자기도 모르게 "아저씨, 예수 믿고 천국 가시려면 영광교회로 오세요."라고 소리를 지르면서 주보를 내밀었습니다. 얼떨결에 주보 받은 아저씨가 혼비백산해서 도망갔습니다. 그 아저씨를 따라 구경꾼들도 도망갔습니다. 이제 구경하는 사람들이 다 흩어졌으니 집으로 가면 됩니다. 더 이상 망신당할 필요가 없습니다. 그런데 마음속에 하나님의 음성이 들렸습니다.

"월세 누가 내니? 성전 누가 지키니?"

김길복 집사가 감동에 순종하여 다시 부천역 광장으로 갔습니다. 주보를 주려고 하면 팔이 굳는 게 전과 마찬가지였습니다. 김길복 집사는 다시 아까의 전봇대로 가서 기도했습니다. 기도 마치고 눈을 뜨니 어떤 중년 부인이 장바구니 들고 혀를 "쯧쯧쯧" 찹니다. 김길복 집사는 급하게 외쳤습니다. "아줌마 예수 믿고 천국 가고 싶으면 이것 받아가지고 영광교회로 오세요."라고 큰 목소리로 외치자 그 아줌마도 도망을 갔습니다. 그런 식으로 사람들을 줄행랑치게 만들면서 3시간 반 동안 주보 40장을 뿌렸습니다.

영광교회로 돌아와 펑펑 울며 하나님께 기도했습니다. 계속 기도하는데 "찬송합시다." 하는 목사님의 목소리가 들렸습니다. 시계를 보니 저녁예배 시간 5분 전이었습니다. 예배당에는 목사님과 김길복 집사 외에는 아무도 없었습니다. 목사님을 보는데 현기증이 났습니다.

그런데 기적이 일어났습니다. 찬송을 부르는데 말소리가 들립니다. "여기가 영광교회 맞습니까?" 하면서 한 남자가 들어왔습니다. 처음으로 주보를 받고 도망갔던 남자였습니다. 그 뒤를 이어 계속해서 하나 둘씩 들어옵니다. 예배를 인도하던 목사님 눈이 휘둥그레집니다. 김길복 집사 눈에서는 눈물이 수도꼭지 틀어놓은 듯이 나옵니다.

도망쳤다가 교회로 찾아온 남자는 택시기사였습니다. 예배를 드린 뒤에 대뜸 "목사님, 저 앞에 있는 봉고차 교회 차 맞지요?"라고 물었습니다. 목사가 "예, 교회차입니다."라고 대답하자 "그러시면 제게 차 키를 주십시오. 오늘 예배하러 온 분들을 제가 모두 집까지 모셔다 드리겠습니다. 그리고 또 언제 예배를 드립니까? 시간 맞추어 이분들 제가 다 모셔오겠습니다."라고 말했습니다.

그런데 이 새 가족 성도가 정말 웃기는 사람이었습니다. 목사님이 새벽기도회, 수요예배, 주일예배 시간표를 주니까 매일 새벽마다 그날 예배 마치고 데려다준 성도들 집 앞에 가서 경적을 울리면서 잠도 못 자게 깨워서 교회에 강제로 데리고 나왔습니다. 신기하게도 사람들은 기사를 따라 예배에 나왔습니다. 그 기사를 중심으로 교회가 부흥해 갔고 후에 그 극성맞은 택시 기사는 신학을 공부하여 목사가 되었습니다.

한번은 새 가족인 여성도가 예쁘장한 여자를 전도해왔습니다. 김길복 집사가 반가운 마음에 "어떻게 이렇게 예쁜 양 새끼를 낳으셨어요?"하고 물었습니다. 그러자 그 성도가 혀를 차며 "뭐라고요? 이 아줌마가 아직도 제정신이 안 돌아왔네."라고 말했습니다. 김길복 집사가 "예수 믿는 사람을 양 새끼라고 한다."고 하니 그제야 이해했습니다. 김길복 집사가 "새 가족인데 재주도 좋으시네요. 그런데 어떻게 양 새끼를 낳으셨어요?"라고 다시 물었습니다. 그런데 여성도는 비밀이라며 말을 하지 않으려 합니다. 김 집사가 계속 물으니 여성도가 김 집사에게 "내가 어떤 이야기를 해도 화내지 마세요."라고 다짐을 받습니다. 그런 뒤에 사정 이야기를 합니다.

"사실은 영광교회 가면 미친년이 있는데 구경시켜 준다고 이 친구를 꼬여서 데려왔어요. 나는 아줌마가 전봇대 붙잡고 '쏼라쏼라' 하면서 거품을 흘리는 것을 구경한 사람이에요. 그러다가 아줌마가 고함을 지르는 바람에 정신없이 도망쳤는데 그 와중에 업고 있던 우리 아기를 깔아뭉갤 뻔 했지 뭐에요. 하도 놀라서 신

발을 잃고 실신 직전까지 갔더랬어요. 미친 여자가 발작할 때 고무신짝으로 양 뺨을 때려주면 정신이 돌아온다기에 좋은 일 하는 셈치고 옆집 할머니 고무신을 빌려 신고 교회로 왔어요. 와서 보니 당신은 발작을 하지 않고 줄기차게 울기만 하더라고요. 그래서 우는 것도 발작의 일종이라 생각하고 막 당신을 때리려는데 목사님이 '하나님은 살아계시고 그의 독생자 예수님은 우리의 죄를 대신해서 십자가를 지셨기 때문에 우리가 이 예수를 믿기만 하면 공짜로 천국에 갈 수 있습니다.'라고 하시는 게 아니겠어요. 그런데 목사님의 그 말씀이 제 가슴에 탁 들어오는 거예요. 그래서 이 친구한테 영광교회 가면 예쁘게 미친 여자도 구경하고 예수 믿고 천국도 공짜로 갈 수 있다고 전했지요. 그러니까 이 친구가 밑져야 본전이라며 따라 나온 거예요."

저는 김길복 집사의 손을 통해 주보를 받은 사람들을 영광교회로 인도하신 분이 하나님이시라고 확신합니다. 성경도 이 부분을 분명하게 말씀하고 있습니다.

주께서 구원 받는 사람을 날마다 더하게 하시니라 _행 2:47

주의 손이 그들과 함께 하시매 수많은 사람들이 믿고 주께 돌아오더라 _행 4:21

기도 중에 찾아온 하나님의 감동에 순종하여 부천역 광장같이 사람이 많이 지나다니는 곳에서 10분이면 다 돌릴 주보를 3시간 반이나 걸려 돌린 김길복 집사의 순종에 하나님이 축복해주신 것입니다.

많은 이들이 기도 응답을 받지 못하고 하나님의 기적을 경험하지 못하는 이유 중 하나는 기도 중에 하나님이 주신 감동을 찍어 누르거나 흘려버리기 때문입니다. 그런 태도는 하나님이 주시는 복을 발로 차버리는 것에 진배없습니다. 기도 중에 하나님이 주신 감동이라면 아무리 납득하기 어려운 것이라도 순종해야 합니다. 그 놀라운 기회를 놓치지 말아야 합니다.

11

마귀를 대적하며
기도하라

마귀를 대적하라 그리하면 너희를 피하리라

약 4:7

중고등학교 시절에 학생회 회원들과 함께 산 기도를 보통 저녁에 가곤 했었습니다. 어느 날, 각자 기도 시간을 가진 뒤에 함께 모여앉아 이야기를 나누는데 친구 하나가 자기는 기도를 제대로 못했다고 말했습니다. 이유를 물으니 기도하려고 눈을 감으면 커다랗고 노란 눈이 공중에 뜬 채로 눈을 끔벅끔벅하면서 쳐다보는데 그게 무서워서 기도를 하지 못했다는 것입니다.

역시 학생회 시절 이야기입니다. 김창녕 집사님을 포함한 몇몇 집사님과 함께 양수리 기도원에 갔습니다. 저녁 집회를 참석하여 은혜를 받은 뒤에, 모두 산으로 올라가 각자 떨어져서 기도를 했습니다. 저 역시 홀로 떨어져서 밤새 기도를 했습니다.

아침이 밝은 뒤에 한자리에 모였습니다. 집사님 한 분이 자기는 기도를 거의 못했다고 하셨습니다. 기도하려고 눈을 감으면 뱀이 자신 쪽으로 달려들었다고 합니다. 무서워서 눈을 뜨면 뱀이 사리지고 다시 기도하려고 하면 뱀이 또 덤벼들었다고 합니다. 그렇게 밤새 실랑이를 벌이느라 기도를 못했다는 것입니다. 뜨겁게 기도하는 (후에 장로가 되신) 김창녕 집사님 위에 올라가 기도하면 좋겠다는 생각이 들었는데 그럴 수는 없었습니다.

아버지가 신앙 생활의 맛을 느끼기 시작하셨을 때 기도해야겠다고 결심하셨습니다. 아버지는 안양천 고수부지로 가서서 기도를 하셨습니다. 그런데 희한한 일이 발생했습니다. 기도하려고 눈을 감으면 태풍이 불어와 둑길의 아스팔트가 바람에 날아갔습니다. 비포장도로에 아스팔트가 있지도 않은데 말입니다. 눈을 뜨면 아무렇지 않고 다시 기도하면 태풍이 불었습니다. 아버지가 기도하려고 할 때마다 방해하던 것이 또 하나가 있었습니다. 장마철이 되면 안양천 수위가 올라가면서 물살이 빨라집니다. 그때 어쩌다 안양천 위쪽의 축사에서 키우던 돼지가 물살에 떠내려 올 때가 있었습니다. 가난하던 시절에 돼지 새끼 한 마리도 귀하다 보니 돼지를 건지려다 빠져 죽는 사람도 있었습니다. 기도하려고 감은 아버지 눈에 물에 빠져 죽은 사람이 보였습니다. 죽은 사람의 양말을 벗기자 썩은 살이 양말에 묻어나오는 끔찍한 장면이 눈에 보였습니다. 깜짝 놀라 눈을 뜨면 아무 것도 없었습니다. 그러다가 기도하려고 눈을 감으면 다시 그 끔찍한 광경이 보입니다. 결국 아버지는 두려움 때문에 기도를 더 이상 이어가지 못하셨습니다.

제가 조금 더 성장한 후에 생각해 보니 아버지에게 태풍이나 물에 빠져 죽은 사람의 환상을 보이게 한 것은 마귀였습니다. 기도하면 마귀의 세력에 타격을 줄 것이기에 기도하지 못하도록 훼방한 것입니다. 아버지가 그런 것들을 담대하게 물리치고 계속 기도했다면 많은 은사와 능력을 경험했을 텐데 하는 아쉬움이 남습니다. 더 앞에 언급한 친구나 집사님도 마찬가지입니다. 제가 산 기도를 할 때도 방해하는 마귀의 역사를 종종 경험하곤 했습니다. 한번은 검고 커다란 형체가 저쪽에서 저를 노려봤습니다. 감사하게도 저는 그런 형상에 겁을 집어먹지 않았습니다. 그 후로도 기도할 때 다양한 방식의 훼방이 있었지만 다 이길 수 있었습니다. 그리고 훼방을 이기고 기도에 더 집중했을 때 하나님의 은혜가 더 풍성히 임하는 것을 경험할 수 있었습니다.

교회를 개척한 후의 일입니다. 한 자매가 교회에 와서 기도할 때 무서운 일이 발행하곤 했습니다. 바람 소리가 자꾸 들린다는 것입니다. 괴상한 일입니다. 당시 교회는 완전한 지하였고 출입문를 닫으면 바람이 전혀 들어올 수 없을 만큼 밀폐된 공간이었습니다. 그러니 바람 소리가 들릴 까닭이 없었습니다.

저는 그 자매에게 그것은 진짜 바람 소리가 아니라 마귀가 기도하지 못하게 하려고 방해하는 것이라고 말해주었습니다. 악한

자가 건드리지 못하게 하신다고 했으니 예수 이름으로 대적하고 담대하게 기도하면 된다고 말해주었고 그 자매는 두려움 없이 계속 기도를 이어갈 수 있었습니다.

마귀가 기도를 방해하려고 사용하는 것은 두려움만이 아닙니다. 별의 별 방법을 다 사용하여 기도를 막으려 듭니다. 기도 없는 봉사, 기도 없는 예배, 기도 없는 성경공부, 기도 없는 구제, 기도 없는 교제 등은 어둠의 세력에 그 어떤 타격도 주지 못합니다. 하지만 기도하기 시작할 때 어둠의 진이 허물어진다는 것을 마귀가 너무나도 잘 알고 있습니다. 그러니 각 사람에 따라 갖가지 방법으로 기도를 훼방합니다.

***

기도가 영적 전쟁이라는 것을 확실하게 보여주는 내용이 다니엘서에 나옵니다. 다니엘은 하나님 앞에 3주간을 기도합니다 단 10:2. 얼마나 기도에 진력했는지 3주일 동안 좋은 떡을 먹지 않고 고기와 포도주를 입에 대지 않고 기름을 바르지도 않았습니다 단 10:3. 그렇게 기도하는 다니엘에게 천사가 나타납니다. 천사는 세마포 옷을 입었고 허리에는 우바스 순금 띠를 띠었으며 단 10:5, 그의 몸은 황옥 같고 그의 얼굴은 번갯빛 같고 그의 눈은 횃불 같고 그의 팔과 발은 빛난 놋과 같고 그의 말소리는 무리의 소리와 같았습니다 단 10:6. 다니엘과 함께 있던 사람들은 크게 떨며 도망하여 숨었습니다 단 10:7. 다니엘은 천사의 음성을 들을 때에 얼굴을 땅에 대고 깊이 잠들어버렸습니다 단 10:9. 천사는 다니엘을 어루만지고 다니엘은 깨어납니다 단 10:10.

천사는 다니엘에게 "다니엘아 두려워하지 말라 네가 깨달으려 하여 네 하나님 앞에 스스로 겸비하게 하기로 결심하던 첫날부터 네 말이 응답 받았으므로 내가 네 말로 말미암아 왔느니라 그런데 바사 왕국의 군주가 이십일 일 동안 나를 막았으므로 내가 거기 바사 왕국의 왕들과 함께 머물러 있더니 가장 높은 군주 중 하나인 미가엘이 와서 나를 도와주므로 이제 내가 마지막 날에 네 백성이 당할 일을 네게 깨닫게 하러 왔노라 이는 이 환상이 오랜 후의 일임이라 하더라" 단 10:12-15 하는 놀라운 내용을 이야기합니다.

다니엘의 기도가 첫날에 응답되었다는 것입니다. 천사는 하나님의 명에 따라 다니엘을 깨닫게 하려고 왔는데 바사 왕국의 군주가 21일 동안 막았다는 것입니다. 여기에서 바사 군주는 페르시아의 왕을 가리키는 것이 아닙니다. 페르시아가 강한 나라이고 왕이 모든 군대를 동원하여 막으려 해도 하나님의 천사를 막을 수는 없습니다.

천사가 얼마나 강력하고 힘 있는 존재인지는 열왕기하 19장에 잘 나옵니다. 당시에 군사 대국이었던 앗수르의 산헤립 왕이 유다를 쳐들어갑니다 왕하 18:17. 통일 왕국이었던 나라가 남 유다와 북 이스라엘로 쪼개지고 그 중에서 작은 나라인 유다의 왕인

히스기야로서는 감당하기 힘든 위기를 만난 것입니다. 히스기야는 선지자 이사야에게 기도해달라고 요청합니다 왕하 19:1-4. 히스기야 자신도 하나님 앞에 나아가 앗수르 왕이 보낸 편지를 펴 놓고 도와달라고 간구합니다 왕하 19:14-19. 하나님은 이사야 선지자를 통해 히스기야 왕에게 구원을 약속하십니다 왕하 19:20-28. 그 날 하나님은 천사를 보내 앗수르 군사 십팔만 오천 명을 치게 하십니다 왕하 19:35. 천사에게 강대국 앗수르 군대는 제대로 반항조차 하지 못합니다. 앗수르 군대가 막아내지 못한 천사를 페르시아 군대가 막아낼 수 없습니다. 결국 천사를 가로막아 다니엘의 기도 응답을 훼방하려고 한 존재는 악한 영이었던 것입니다.

바사 군주가 악한 영을 가리키는 말이라는 것은 다니엘에게로 온 천사를 도와준 미가엘에 대한 언급에서도 드러납니다. 천사는 다니엘에게 자기를 도와준 이가 가장 높은 군주 중 하나인 미가엘이라고 분명하게 말합니다 단 10:13. 미가엘을 군주라고 묘사하지만 미가엘은 왕이 아닙니다. 인간도 아닙니다. 하나님의 천사입니다. 강력한 천사입니다. 강력한 천사가 도와주고서야 다니엘에게 당도한 천사라면 그것을 막았던 존재가 사람일 수 없습니다.

그러면 악한 영은 왜 다니엘의 기도 응답을 막으려고 했을까요? 다니엘의 기도를 통해 하나님의 놀라운 역사가 일어나는 것을 알고 있었기 때문입니다. 실제로 다니엘이 크고 위대한 사역을 펼쳐갈 수 있었던 것은 철저한 기도 중심의 삶이 있었기 때문입니다. 기도를 뺀 다니엘은 생각할 수 없습니다. 기도하면 죽을 줄 뻔히 알면서도 기도를 중단하고 사느니 차라리 기도하다가 죽기를 선택하는 다니엘입니다. 그런 다니엘의 기도를 악한 영은 두려워했던 것입니다.

사실, 기독교 역사에도 기도를 훼방하는 마귀의 활동을 확인할 수 있습니다. 수도원 운동의 창시자 안토니우스의 삶에서도 잘 드러납니다. A.D. 270년 20살의 안토니우스가 어느 시골 마을의 예배당에 들어갑니다. 마침 강단에서 마태복음의 한 대목을 읽고 있었습니다.

> 어떤 사람이 주께 와서 이르되 선생님이여 내가 무슨 선한 일을 하여야 영생을 얻으리이까 예수께서 이르시되 어찌하여 선한 일을 내게 묻느냐 선한 이는 오직 한 분이시니라 네가 생명에 들어 가려면 계명들을 지키라 이르되 어느 계명이오니이까 예수께서 이르시되 살인하지 말라, 간음하지 말라, 도둑질하지 말라, 거짓 증언 하지 말라, 네 부모를 공경하라, 네 이웃을 네 자신과 같이 사랑하라 하신 것이니라 그 청년이 이르되 이 모든 것을 내가 지키었사온대 아직도 무엇이 부족하니이까 예수께서 이르시되 네가 온전하고자 할진대 가서 네 소유를 팔아 가난한 자들에게 주라 그리하면 하늘에서 보화가 네게 있으리라 그리고 와서 나를 따르라 _마 19:16-21

그 말씀을 접한 안토니우스는 "예수님, 나는 당신을 사랑합니다. 내게 들려주신 말씀 그대로 따르겠습니다."라고 결단의 기도를 합니다. 그러더니 자신의 많은 자산을 팔아 가난한 사람들에게 나눠줍니다. 그 재산은 여섯 달 전 부모님이 세상을 떠나면서 안토니우스가 물려받은 유산이었습니다.

그 후에 안토니우스는 기도에 전념했습니다. 마을 어귀에 있는 공동묘지의 빈 무덤으로 거처를 옮기고 전적으로 기도에 힘을 쏟았습니다. 그다음에는, 아예 사람들의 발길이 닿지 않는 사막으로 옮겨 갔습니다. 사막 한가운데 로마군이 사용하다 버린 요새로 들어가 더욱 기도에 힘썼습니다. 사막에서 목숨을 부지할 수 있었던 것은 친구들 덕택이었습니다. 친구들이 여섯 달에 한 번씩 마른 빵과 소금을 안토니우스에게 가져다주었습니다.

안토니우스의 전력을 다하는 기도는 마귀에게 위협적이었습니다. 마귀는 기도를 막으려고 애를 썼습니다. 어느 때는 벗은 미녀의 모습으로 나타나 유혹하기도 했습니다. 때로는 친구의 모습으로 나타나 그를 설득하려고 했습니다. 때로는 사회적 지위를 약속하기도 하고 불안과 공포로 괴롭히기도 했습니다. 안토니우스는 그런 마귀의 방해에 굴복하지 않았습니다. 그는 더욱더 기도에 전념할 뿐이었습니다. 마귀의 방해 역사는 어느 날 하늘로부터 비쳐드는 빛이 그에게 임하고, 그의 영혼에 평화가 넘치면서 끝을 맺었습니다. 마침내 기도를 통해, 마귀와의 싸움에서 큰 승리를 거뒀습니다.

하나님은 기도하는 안토니우스에게 영적 능력이 나타나게 하셨습니다. 그가 밭을 일구어 곡식과 채소를 심어 재배할 때의 일입니다. 들짐승들이 와서 농작물에 피해를 주곤 하였습니다. 그럴 때 안토니우스는 들짐승들을 말로 나무랐습니다. "너희는 어찌하여 내가 너희에게 손해를 끼치지 않는데 너희가 내게 손해를 끼치느냐. 내가 주님의 이름으로 명하노니 물러가라. 다시는 이 근처에 얼씬거리지 말라."라고 책망했습니다. 그랬더니 들짐승들이 다시는 피해를 끼치지 않았습니다.

안토니우스에 대한 소문이 번져가면서 많은 젊은이들이 사막으로 찾아왔습니다. 안토니우스는 이제 이름 없는 존재가 아니었습니다. 대단한 명성과 영향력을 가진 존재가 되었습니다. 그러나 안토니우스는 그런 것에 관심이 없었습니다. 그의 관심은 예수님을 사랑하는 것이었으며, 깊이 기도하는 것이었습니다. 그는 모여드는 사람들을 피해 더 깊은 사막으로 들어가곤 했습니다. 그럼에도 불구하고 그가 죽을 무렵에는 수천 명의 제자가 따랐습니다.

우리가 기억할 것은 마귀가 안토니우스 같은 영적 거인의 기도만 방해하는 것이 아니라는 것입니다. 앞에서 몇 가지 예를 들었듯이 마귀는 모든 그리스도인들의 기도를 방해합니다. 기도하려고 하면 할 일이 생깁니다. 사람이 찾아옵니다. 이런저런 생각으로 머리가 복잡해집니다. 마음이 조급해지기도 합니다. 이런 것들에게 영향을 받다보면 어느덧 기도의 열정이 사그라지고 맙니다. 기도의 자리를 벗어나게 됩니다.

저도 기도에 방해를 받지 않기 위해 취하는 방법들이 있습니다. 새벽기도회를 마친 후 아내가 바나나, 견과류, 우유를 섞어 갈아주는 것을 한 잔 마신 후 점심 식사 전까지 기도에 집중하는데 그럴 때는 휴대폰 벨 소리가 들리지 않게 해놓습니다. 저를 찾는 사람이 있을 경우에는 아내에게 부탁하여 급한 일이 아니면 점심때가 지난 뒤에 다시 와서 이야기하라고 전달합니다. 사람을 만나는 일정도 잡지 않습니다. 이렇게 하니 기도에 집중하지 못하도록 방해하는 많은 것들이 해결되었습니다.

그러나 위와 같은 장치를 해놓았다고 해서 마귀의 훼방이 끝나지 않습니다. 잡생각이 들게 한다든지, 환영을 보게 하거나 환청을 듣게 한다든지, 감정적으로 요동하게 만든다든지 하는 방식으로 얼마든지 기도를 방해할 수 있습니다. 이럴 때는 버티고 앉아만 있다고 방해거리가 사라지지 않습니다. 기도를 망치려 드는 악한 마귀를 쫓아내야 합니다.

참 감사하게도, 예수님을 우리 인생의 구주로 영접한 이후에 우리에게 예수 이름의 능력이 주어졌습니다. 그 능력을 힘입어 마귀를 대적하면 됩니다. 성경은 "마귀를 대적하라 그리하면 너희를 피하리라"_{약 4:7}라고 가르칩니다. 마귀는 우리가 피해야할 정도로 너무나도 무섭고 강력한 존재가 아닙니다. 우리가 대적하면 마귀가 우리를 피할 수밖에 없는 것이 실상입니다.

　마귀를 대적할 때 마귀가 피한다는 영적 원리는 제가 집회를 인도할 때 정말 많이 경험합니다. 저는 집회 중에 성도들에게 합심하여 기도를 시킵니다. 성도들이 실컷 기도를 하면 제가 예수 이름을 힘입어서 "사랑하는 성도들을 낙심하게 하고, 맥 빠지게 하고, 기도에 집중하지 못하게 하고, 열등감이나 자격지심 따위에 흐느적거리게 하고, 주저앉게 만드는 악한 마귀야. 예수 이름으로 명하노니 묶은 것을 풀고 떠나갈지어다."라고 선포합니다. 감사하게도 이 선포와 함께 많은 이들이 묶였던 것에서 자유해지고 새 힘을 얻습니다.

　마귀에 대한 두 가지 오해를 바로 잡아야 합니다. 하나는 마귀를 너무 과소평가하는 것입니다. 마귀가 아무런 힘이나 영향을 미치지 못하는 것처럼 애써 무시하는 태도입니다. 착각입니다. 마귀는 실재하며 지혜도 있고 힘도 있고 능력도 있습니다. 그렇기에 많은 사람들이 마귀에게 끌려 다닙니다. 마귀의 힘을 무시하다가는 낭패를 당하기 십상입니다.

　또 다른 하나는 마귀를 너무 과대평가하는 것입니다. 비록 마귀가 대단한 힘과 능력을 가지고 있다고는 해도 예수님의 권세에 비하면 아무 것도 아닙니다. 예수 이름 앞에 악한 마귀는 무장 해제됩니다. 따라서 예수님을 영접하여 모시고 사는 하나님의 백성들이 마귀 앞에서 주눅 들거나 겁을 집어먹을 필요가 없습니다. 기도하다가 마귀가 방해하고 있다고 깨달아진다면 그냥 무시하지도 말고 겁을 먹지도 말고 우리 안에 계신 예수님의 능력으로 대적하십시오. 예수 이름으로 대적하면 마귀가 떠나가고, 마귀가 기도를 방해하려고 가지고 온 방해도구들도 전부 무용지물이 됩니다. 그러면 우리는 기도의 더 깊은 가운데로 들어갈 수 있습니다.

12

입을 크게 열고
기도하라

나는 너를 애굽 땅에서 인도하여 낸 여호와 네 하나님이니
네 입을 크게 열라 내가 채우리라

시 81:10

예수님을 만난 후 큰 꿈이 생겼습니다. 하나님의 말씀을 전하는 설교자가 되는 것이었습니다. 비록 몸이 불구가 되었고 여전히 가난과 싸워야 했지만 그럼에도 불구하고 저는 방방곳곳을 다니며 말씀을 전하는 사람이 되게 해달라고 간절히 기도했습니다. 제가 말씀 전하는 상상을 하면 가슴이 설레곤 했습니다.

우리 집에서 학교까지는 걸어서 40분 정도 걸립니다. 논길 사이로 난 좁은 길을 걸어 다녔습니다. 벼를 수확하고 난 다음에 볏단을 묶어 논에 세워두었는데 저 혼자 길을 걸을 때는 그 세워진 볏단들을 상대로 설교 연습을 했습니다. "여러분 예수님 믿으세요. 예수님은 우리의 죄를 대신 지시고 십자가에 죽으셨고 부

활하셨습니다. 이 예수님을 믿으면 죄 사함 받고 구원을 얻습니다."라고 외쳤습니다.

고등학교에 진학을 앞두고 미션 스쿨인 신성 고등학교에 시험을 쳐서 합격했습니다. 학교에 간 첫 날, 담임선생님이 오시기도 전에 교실 전면의 왼쪽 벽 위에 매달려 있는 텔레비전을 통해 예배가 진행되었습니다. 선생님이 계시지 않은 상황에서 텔레비전으로 진행되는 예배에 학생들이 집중할 리가 없었습니다. 교실은 말 그대로 난장판이었습니다.

다른 학생들이 그러든 말든 저는 텔레비전을 통해 진행되는 예배에 집중했습니다. 찬양을 부를 때는 큰 소리로 찬양을 따라 불렀습니다.

"저 자식 뭐야?"

다른 학생들이 뭐라고 반응을 보이든 말든 개의치 않았습니다. 저에게 있어 예수님은 가장 소중한 분입니다. 하나님께 예배드리는 시간은 다른 어떤 것과 비교할 수 없었습니다. 그러니 다른 아이들이 뭐라고 하든 말든 저는 예배를 드렸습니다.

담임선생님이 들어오시다가 열심히 찬송을 부르고 있는 저를 보셨습니다. 저에게 교무실로 따라오라고 하셨습니다. 교무실에 갔더니 선생님은 대뜸 절 보고 부반장을 하라고 말씀하셨습니다. 반장은 학급의 행정을 책임지고 부반장은 학급의 신앙을 책임지는 역할이라고 말씀하셨습니다. 이렇게 해서 저는 졸지에 부반장이 되었습니다. 담임선생님이 오시기 전에 학급 경건회 시간에 예배를 인도하고 간단하게 설교를 하게 되었습니다. 저는 이렇게 설교사역을 시작했습니다.

고등학교 2학년 때 교회에서 학생회 회장이 되었습니다. 큰 행사를 앞두면 기도회를 열곤 했습니다. 담당전도사도 계시고 담당선생님들이 계셨음에도 불구하고 제가 기도회를 인도하면서 설교를 하기도 했습니다. 두렵고 떨리는 마음이 컸지만 동시에 설교하는 시간이 참 좋았습니다.

제가 본격적으로 설교사역을 시작하게 된 것은 대학교 2학년 때입니다. 아직 어린 신학생이었음에도 불구하고 담임목사님이 제게 교회학교를 맡기셨습니다. 저는 아이들에게 고정적으로 설교를 할 수 있었습니다. 3학년이 되기 전에, 저는 담임목사님께 부서를 학생회로 바꿔 달라고 요청했습니다. 그래서 3학년 때부터는 학생회를 맡아 설교했습니다. 교회학교 어린이들과는 달리 중고등부 학생회에서는 더 길게 설교할 수 있었습니다. 그것이 참 좋았습니다.

하나님께서는 제게 대외적인 설교의 문도 열어주셨습니다. 처음에는 학생회 수련회를 중심으로 집회인도를 하기 시작했습니다. 이어서 청년회까지 확장되었습니다. 여름 방학이나 겨울 방학 때는 수련회 강사로 곳곳에 가서 말씀을 전하느라고 정신이 없었습니다. 하나님은 설교할 때마다 은혜를 부어주셨고 좋은 소문이 나기 시작했습니다. 강사 요청은 점점 더 늘어갔습니다. 그러다가 결국은 장년부 설교를 해달라는 요청을 받기 시작했습니다.

저는 오랜 세월을 판자촌에서 살았기 때문에 제대로 옷을 갖춰 입은 적이 없었습니다. 동네 아저씨가 돌아가셨을 때 그분이 입던 옷을 얻어다 줄여 입기도 했습니다. 잠바 하나로 일 년을 보냈고 찢어진 바지를 표시 나게 기운 옷도 잘 입고 다녔습니다. 그러다 보니 제 패션 감각은 엉망이었고 설교하러 갈 때도 마찬가지였습니다.

십자군 활동을 할 때의 사진을 보면 그 촌스러움이 여실히 드러납니다. 십자군은 어려운 교회에 가서 전도하는 것이 주된 활동이었습니다. 교회에 가야 하니 길거리에서 싸구려 양복을 사서 입었습니다. 공을 들고 나가 아이들과 열심히 축구를 한 뒤 땀과 더위에 목마른 아이들을 교회에 데리고 가 음료수를 사주며 전도를 했습니다. 그러기 위해 하얀 운동화를 사서 신었습니다.

여름철 햇살이 눈부시니 햇빛을 가리기 위해 주워온 선글라스를 꼈습니다. 뜨거운 햇볕을 피하기 위해 역시 주워온 노란 모자를 썼습니다. 거기에 책을 여러 권 넣은 배낭을 맸습니다. 그렇게 양복에, 하얀 운동화, 선글라스, 노란 모자, 배낭을 메고 전철을 타면 사람들이 다 저를 쳐다봤습니다. 마치 외계인이라도 보는 눈초리였습니다. 그러든 말든 저는 전철 안에서 성경을 꺼내 들고 도착할 때까지 줄곧 읽었습니다.

아직 젊은 나이에 그런 차림새를 하고 설교할 교회에 가니 성도들이 저를 제대로 대접해주지 않았습니다. 옷차림이 그게 뭐냐는 눈초리를 보낼 뿐입니다. 그러다가 제가 설교하러 강단에 올라가면 더 놀라는 표정을 짓습니다. 설마 강사인 줄 몰랐다는 것이겠지요. 그래도 막상 설교를 하면 하나님이 역사해주셨고 설교를 마친 후에는 성도들의 태도가 180도 바뀝니다.

지금은 방방곳곳에 다니며 말씀을 전하게 해달라고 크게 기도한 것이 확실하게 응답되어 제가 집회 요청을 일일이 승낙하기 어려울 지경이 되었습니다. 우리 교단만이 아니라 교단을 초월합니다. 개교회 집회만이 아니라 연합집회에 이르기까지 말씀을 전해달라는 요청이 계속 들어옵니다. 홍길동처럼 분신술이라도 익히고 싶은 심정입니다.

일산 풍동교회에서 부흥회를 인도할 때의 일입니다. 찬양 인도가 진행되는 동안 강대상 뒤의 의자에 앉아 기도하는데 환상이 보였습니다. 약해보이는 한 소년이 논길을 걸어가고 있었습니다. 소년이 지나가는 논길 옆에 볏단들이 세워져 있었는데 그 볏단들이 꿈틀꿈틀 움직이더니 사람으로 변하는 환상이었습니다.

저는 그 광경을 보는 순간 그 소년이 누군지 알아챘습니다.

12_ 입을 크게 열고 기도하라

바로 저의 모습입니다. 제 눈에서 눈물이 쏟아지기 시작했습니다. 제 입에서는 울먹이면서 감사의 고백이 나왔습니다.

"하나님, 감사합니다. 하나님, 감사합니다. 제가 설교 연습을 하던 볏단들이 정말 사람이 되었네요. 하나님, 감사합니다."

제 순서가 되어 설교하러 나갈 때까지 저는 계속 울기만 했습니다. 하나님께서 입을 크게 열고 기도한 제 기도를 들어주셨으니 어찌 감격하지 않을 수 있겠습니까? 하나님께서 "나는 너를 애굽 땅에서 인도하여 낸 여호와 네 하나님이니 네 입을 크게 열라 내가 채우리라"시 81:10라고 말씀하십니다. 이스라엘이 당시의 최강국인 애굽에서 자유를 얻는 것은 불가능한 일이었습니다. 그러나 하나님이 개입하시니 사정이 달라집니다. 애굽의 왕은 두 손을 번쩍 들어 이스라엘 백성들이 떠나가도록 합니다. 그처럼 놀라운 일을 행하신 하나님이 입을 넓게 열면 채우신다고 말씀하시는 것입니다. 그러나 이스라엘 백성들은 그 말씀을 듣지 않았습니다.

반대로 하나님의 위대하심을 알고 입을 크게 열고 기도한 사람이 있습니다. 야베스입니다. 야베스는 하나님께 복을 주시려거든 자신의 지경을 넓혀달라고 기도합니다. 자신을 도우셔서 환난을 벗어나 내게 근심이 없게 해달라고 간청합니다대하 4:10. 하나님은 야베스가 기도한 대로 허락해주십니다.

야베스의 이야기가 나오는 성경 본문은 독특합니다. 역대상 4장 1절에서 8절까지 유다 자손의 족보 이야기가 나옵니다. 9절과 10절에서 야베스 이야기를 다루고, 다시 11절에서 23절까지 족보를 다룹니다. 24절에서 34절까지는 시므온 자손의 족보를 언급합니다. 앞 장인 3장이나 다음 장인 5장도 전부 족보 이야기입니다. 그 사이에 유일하게 족보가 아닌 야베스 이야기가 끼어 있습니다. 그 만큼 야베스의 기도가 인상 깊게 다가옵니다.

자신의 처지와 한계에 매여, 하나님을 작고 초라한 모습으로 축소시킨 채 그 수준만큼의 기도를 드리는 사람들이 많습니다. 이런 사람들은 전능하신 하나님을 아버지로 모시고 살면서도 고아처럼 살아갑니다. 하나님을 하나님으로 인정하지 못한 채 하나님을 무시하며 살아갑니다. 이런 태도를 하나님께서 불쾌하게 여기신다는 것조차 깨닫지 못한 채 살아가니 참으로 안타까운 일입니다.

민수기 11장에 보면 만나 대신에 고기를 먹고 싶다고 우는 백성들의 모습이 나옵니다_민 11:10_. 도대체 방도가 없는지라 모세는 마음이 너무 상했습니다. 그래서 모세는 하나님께 차라리 자신을 죽여서 이 곤고함을 보지 않게 해달라고 간청합니다_민 11:15_. 하나님은 모세에게 고기를 주겠다고 말씀하십니다. 그것도 하루나 이틀이나 닷새나 열흘이나 스무 날만 먹을 뿐 아니라 냄새도 싫어하기까지 한 달 동안 먹게 하시겠다고 말씀하십니다_민 11:19-20_.

가만히 생각해보니 이것은 너무 엄청난 일입니다. 하나님께서 애굽에 10가지 재앙을 내리신 것을 목격했고 홍해를 가르신 것과 쫓아오던 애굽의 군사들을 홍해에 수장시키신 것도 보았지만 이번에 말씀하시는 것은 도무지 믿어지지 않을 만큼 엄청난 것이었습니다. 모세는 하나님께 "나와 함께 있는 이 백성의 보행자가 육십만 명이온데 주의 말씀이 한 달 동안 고기를 주어 먹게 하겠다 하시오니 그들을 위하여 양 떼와 소 떼를 잡은들 족하오며 바다의 모든 고기를 모은들 족하오리이까" 민 11:21-22 하고 묻습니다. 그때 하나님께서 모세에게 반문하시며 말씀하십니다. "여호와의 손이 짧으냐 네가 이제 내 말이 네게 응하는 여부를 보리라" 민 11:23. 하나님이 모세에게 노하셨다는 내용은 나오지 않지만 모세의 반응을 기뻐하지 않으셨다는 것은 알 수 있는 대목입니다. 하나님을 하나님으로 알고 인정하지 않을 때 하나님이 귀하게 사용하신 모세 같은 인물을 향해서도 하나님은 언짢아하십니다.

다시 말하지만 하나님은 하나님이 얼마나 크고 위대하신지를 망각하고 그 놀라우신 하나님을 한계 짓는 것을 기뻐하지 않으십니다. 반대로 하나님께 능치 못할 일이 없음을 고백하며 그 하나님을 향해 입에 크게 벌리는 것을 기뻐하십니다. 하나님께는 무모한 일이라는 게 없습니다. 하나님께는 너무 커서 할 수 없는 일이라는 게 없습니다.

＊＊

그 하나님을 인정하고 입을 크게 열었던 사람 중에 존 낙스라는 개혁가가 있습니다. 존 낙스는 하나님께 나라를 달라고 기도했습니다. "오 하나님이여, 나에게 스코틀랜드를 주시옵소서. 아니면 이 생명을 거두어 주소서."라고 기도했습니다. 통이 커도 보통 큰 게 아닙니다. 나라를 송두리째 달라니 얼마나 통이 큽니까? 하나님은 그런 존 낙스의 기도를 허황되다고 책망하지 않으셨습니다. 오히려 존 낙스에게 놀라운 권능을 부어주셨습니다.

존 낙스가 종교개혁에 대해 부정적인 반응을 보이던 메리 여왕 앞에서 설교할 때면 여왕의 얼굴이 하얗게 질리곤 했습니다. 여왕은 그를 반역죄로 체포하도록 명령을 내리기도 하였지만, 거꾸로 존 낙스 앞에서 어린아이처럼 펑펑 울며 자신도 존 낙스에게 얼마나 잘 보이고 싶어 했는지를 하소연하기도 하였습니다. 여왕마저도 설교를 들으며 "덜덜" 떨 정도이니 다른 회중들이야 오죽하겠습니까?

사실 존 낙스의 외모는 하나님의 말씀을 전하는 설교자로서 약점이 많았습니다. 존 낙스는 한 손으로 지팡이를 짚고, 다른 사람들의 부축을 받으며 강단에 올라갔습니다. 넘어지지 않기 위해 강단 한 쪽에 몸을 기댄 채 설교를 하기도 했습니다. 그러나 존 낙스의 설교가 마치 400개의 나팔이 울려 퍼지는 것 같았다고 합니다. 그러니 하나님께서 존 낙스의 설교에 얼마나 능력을 부어주셨는지 짐작할 수 있습니다. 크신 하나님께 입을 크게 열고 기도한 존 낙스에게 능력을 가득 부어주신 것입니다.

한국 교회에 좋은 발자취를 남긴 장로님들 가운데, 홍부국, 홍순기 부자가 있습니다. 아버지 홍 장로님는 평생토록 교회에 충성을 다했습니다. 빈민가의 가난한 이들을 돕는 데도 열심을 냈습니다. 그런데 그 방법이 독특했습니다. 목포의 빈민가를 돌아다니면서 어려운 처지에 있는 이들을 눈여겨 두었다가 구제할 돈을 마련해서 꼭 목사님에게 드려 전달토록 했습니다. 이렇게 하니 홍 장로님이 아니라 목사님이 사랑이 많다는 소문이 났습니다.

이런 식으로 평생을 헌신한 홍 장로가 세상을 떠나기 전까지 꼭 한 가지를 하고 싶은 일이 있었습니다. 교회당을 지어 봉헌하는 일이었습니다. 그런데 그 일을 못하고 눈을 감게 되자 마음 깊이 한이 되었던 홍 장로님은 아들에게 유언을 했습니다.

"아들아. 나에게 소원이 있다. 평생 예수 믿으면서 성전을 지어 봉헌하고 싶었지만 너무 가난하고 여유가 없어서 하지 못했는데 아들이 이 일을 꼭 해다오."

간곡하게 당부한 아버지의 유언을 아들 홍순기 장로님은 교회당을 짓는 게 보통 일이 아니라는 것을 알고 있었지만 받아들입니다. 교회당을 지어 봉헌하게 해달라고 하나님께 입을 크게 열고 기도를 드립니다. 하나님은 아들 홍 장로님의 기도에 응답해주셨습니다. 얼마나 물질적인 복을 많이 주셨는지 목포에 땅 천여 평을 사고 또 40억 원이 넘는 돈을 들여 아름다운 교회당을 짓고 봉헌했습니다.

하나님이 하지 말라고 한 것을 하는 것이 죄이고 하나님이 하라고 하신 것을 하지 않는 것도 죄라는 사실을 많은 성도가 알고 있습니다. 그러나 자신의 경험, 지식, 생각으로 하나님을 한계 짓고 축소시키는 것이 얼마나 큰 죄인지를 모르고 있습니다. 이것이 하나님을 멸시하는 태도이며 진노하게 만드는 것임을 모르고 있습니다.

하나님이 이스라엘 백성들에게 가나안을 주시겠다고 약속하셨습니다. 이 약속은 하나님이시기에 성취할 수 있습니다. 430년간 종살이한 이들이 군사훈련을 받은 적이 없음에도 불구하고 이미 완벽하게 무장하고 훈련까지 잘 되어 있는 정규 군인들과 전투를 벌여 이기고 정복한다는 것은 인간적으로는 있을 수 없는 일입니다.

10명의 정탐꾼으로부터 부정적인 보고를 들은 백성들이 울고불고 난리가 났습니다. 모세를 버리고 다른 장관을 세워 애굽으로 돌아가겠다고 말합니다. 하나님의 말씀을 믿자는 여호수아와 갈렙을 때려죽이겠다고 돌을 집어 들었습니다. 하나님이 그 모습을 보고 진노하셨습니다. 하나님은 "이 백성이 어느 때까지 나를 멸시하겠느냐 내가 그들 중에 많은 이적을 행하였으나 어느 때까지 나를 믿지 않겠느냐 내가 전염병으로 그들을 쳐서 멸하고 네게 그들보다 크고 강한 나라를 이루게 하리라"민 14:11-12라고 말씀하셨습니다.

하나님의 말씀을 듣고도 하나님의 크고 위대하심을 인정하지 않을 때 하나님은 그것을 하나님을 향한 멸시로 받아들이십니다. 하나님을 멸시한다니 그 얼마나 큰 죄입니까? 그렇다면 거꾸로 하나님의 크고 위대하심을 인정하고 입을 크게 벌려 기도할 때 하나님은 그렇게 기도하는 사람을 기뻐하시고 축복하신다는 사실을 알 수 있습니다. 이 원리를 안다면 자신의 한계에 매여 하나님을 한계 짓지 않고 입을 크게 열고 기도할 수 있을 것입니다.

3장

구하라 그리하면 받으리니 너희 기쁨이 충만하리라

(요 16:24)

13

금식하며
기도하라

**당신은 가서 수산에 있는 유다인을 다 모으고 나를 위하여 금식하되
밤낮 삼 일을 먹지도 말고 마시지도 마소서
나도 나의 시녀와 더불어 이렇게 금식한 후에
규례를 어기고 왕에게 나아가리니 죽으면 죽으리이다 하니라**

에 4:16

금식기도는 제가 가장 자신 없어 하는 기도입니다. 철야기도는 얼마든지 할 수 있습니다. 힘들기는 하지만 새벽기도도 괜찮습니다. 부르짖는 통성기도도 좋습니다. 지금은 입산금지라 어렵지만 산 기도도 많이 해봤습니다. 그런데 유독 금식 기도만큼은 자신이 없습니다. 먹을 것을 밝히는 타입은 아니지만 굶는 것이 싫은 저로서는 하루 세끼를 꼬박 챙겨먹습니다. 굶으면 몸에 금방 증상이 나타나기 때문에 더 주의해서 챙겨 먹습니다. 예를 들어 한 끼를 굶으면 지구의 자전을 느낍니다. 어지럽습니다. 두 끼를 굶으면 아예 맥을 못 씁니다. 반대로 기운이 다 빠졌다가도 무엇인가 잘 먹으면 눈에 띄게 기운이 생깁니다. 이런 제가 금식을 한다는 것은 너무 힘든 일입니다. 여러 차례 금식 시도를 해

봤지만 번번이 실패했습니다. 40일 금식기도나 20일 금식 기도를 해보고 싶었지만 엄두도 내지 못하고 궁여지책으로 아내에게 엉뚱한 제안을 하기도 했습니다. "나 대신 40일 금식기도를 해보지 않겠느냐고…" 부부는 한 몸이니 아내가 금식기도하면 '내가 한 것으로 칠 수 있지 않을까' 하고 얄팍하게 잔머리를 굴린 것입니다.

그런 제게 금식을 해야 할 일이 생겼습니다. 교회당을 건축하게 된 것입니다. 건축을 하자니 해결해야 할 문제가 많이 생겼습니다.

첫째, 제가 교회당 건축을 해 본 적이 없고 건축에 대해 전혀 알지 못했습니다. 저는 보통의 다른 목사님들보다도 그런 일에 둔하기도 했습니다.

둘째, 재정적으로 여유롭게 준비한 상태에서 건축을 시작하지 않았습니다. 나중에 선배 목사들이 건축비를 한 10억 정도 준비해놓고 건축을 시작했냐고 물었는데 대답하기가 민망했습니다. 10억은커녕 1억도 준비해놓지 않은 상태에서 건축을 시작했기 때문입니다.

셋째, 제가 섬기는 예수비전교회 성도들에게 부담을 줄 수 있었습니다. 건축했던 교회들에 대해 들리던 말도 긍정적인 쪽보다는 부정적인 쪽이 많았습니다. 게다가 건축을 시작하면 부담을 느낀 성도들이 교회를 떠난다는 말도 들려왔습니다. 교회당

짓느라고 성도들 빠진다면 그것은 바람직한 일일 수 없습니다.

넷째, 교회 주변 사람들이 민원을 제기할 수 있었습니다. 민원이 제기되면 공무원들은 반응을 보일 수밖에 없습니다. 자연스럽게 건축이 지연될 것이고, 건축이 지연되면 비용은 계속 늘게 되고 성도들은 지치게 될 것입니다. 따라서 민원이 생기지 않도록 하나님께 도움을 구해야 했습니다.

건축을 시작하고 땅을 파자마자 문제가 발생했습니다. 교회 옆에 살고 있는 부부가 땅을 너무 깊이 판다느니, 자신의 땅을 침범해 들어왔다느니 하면서 계속 훼방을 놓기 시작한 것입니다. 게다가 지하 1층 지상 5층 건물이니 자신들의 집이 묻혀버린다며 불만을 가졌습니다. 출근하다시피 공사 현장에 와서 불평을 해대니 정말 불편한 상황이었습니다. '민원을 제기하겠구나!' 하는 생각이 들었습니다.

그런데 더 큰 문제가 생겼습니다. 땅을 파니 암반이 나왔습니다. 흙은 포클레인으로 퍼내면 되지만 암반은 포클레인 끝에 쇠기둥처럼 생긴 것을 달고 일일이 바위를 깨야 합니다. 그때 소리가 무척 크게 나는데 민원이 들어가기가 딱 좋습니다. 특히 뒷집 주인부부는 흙을 퍼낼 때도 불만이 많았는데 바위까지 깨야 하니 가만히 있지 않겠다는 생각이 들었습니다. 저는 성도들에게 기도를 부탁했습니다. 모일 때마다 건축을 위해 합심기도를 했습니다. 릴레이 작정기도도 하게 했습니다. 저 역시 큰마음을 먹고 금식기도를 시작했습니다. 하루 온 종일 금식하는 게 자신 없어서 건축이 끝날 때까지 하루에 한 끼 내지는 두 끼를 매일 금식하기로 작정했습니다.

희한하게도 그렇게 기도를 하자 민원이 하나도 제기되지 않았습니다. 더구나 매일 출근하다시피 해서 불평을 늘어놓던 뒷집 부부도 보이지 않았습니다. 다음 날도, 그다음 날도 마찬가지였습니다. 늘 보이던 분이 안 보이니까 그것도 이상했습니다. 나중에 알고 보니 두 사람 다 사고로 입원을 했다가 바위를 다 깬 후에 퇴원을 했습니다. 그 후로는 건축에 대해 아무 소리 하지 않았습니다.

교회당을 2층 높이까지 지었을 때 또 큰 문제가 생겼습니다. 건축비가 다 떨어졌습니다. 짓다가 중단한 채로 한 주 두 주 시간만 흘러갔습니다. 건축 현장 옆으로 지나가다 보면 포대기만 덮어놓고 방치된, 짓다만 건물이 흉물스럽게 보였습니다. 지나다니는 사람들이 수군거리는 것만 같았습니다. 그러나 방법이 없어서 발만 동동 굴렀습니다.

그 무렵 한 가지 제안이 들어왔습니다. 기독교 대학에 교수로 들어가려고 지원서를 넣어야 하는데 세례증서가 필요하니 세례증서를 만들어 달라는 부탁이었습니다. 저는 그럴 수 없다고 거절했습니다. 교회에서 세례를 줄 때도 충분히 양육을 받게 한 후 예수님을 구주로 영접한 것이 확실할 때 성도들 앞에서 공개적

13_ 금식하며 기도하라

으로 신앙 간증을 하게 한 뒤에야 세례를 줍니다. 그렇게 세례를 받은 다음에 세례 증서를 주는 것이 올바른 법도입니다. 그런데 불법적으로 만들어 달라니 응할 수 없었습니다.

제안을 한 사람이 솔깃한 이야기를 꺼냈습니다. 기독 대학교에 교수로 들어가려는 사람의 어머니가 수백억의 재력가인데 세례 증서를 만들어주면 몇 억 정도는 헌금할 수 있다는 말이었습니다. 그 말을 듣는 순간, 금식 후 배가 고프신 예수님에게 "돌로 떡을 만들어 먹으라"고 한 마귀의 시험이 생각났습니다. 배가 많이 고프니 먹는 것이 유혹이 되듯이 돈이 너무 절실하니 몇 억이 유혹이 될 수 있는 것입니다.

그럼에도 불구하고 세례 증서를 거짓으로 만들어 줄 수 없었습니다. 저는 교수로 들어가려는 사람에게 성경을 가르치면서 구원문제를 점검해보겠다고 했습니다. 그리고 그 사람이 정말 예수님을 믿는다고 생각되면 세례를 주고 세례 증서도 만들어 주겠다고 했습니다. 저로서는 그게 해 줄 수 있는 최선이었습니다. 그러나 상대방은 다른 데서 세례 증서를 받겠다며 제 제안을 받아들이지 않았습니다.

혹시나 하는 기대는 역시나 하는 실망으로 변했고 상황은 다시 원점으로 돌아갔습니다. 그래도 거짓으로 세례 증서를 만들어 주지 않아서 다행이란 생각이 들었습니다. 하나님 외에 매달릴 대상이 없는 상황에서 계속 금식을 이어가면서 기도를 했습니다. 하나님께서 다양한 경로로 피할 길을 주셨습니다. 결국 교회당은 완공되었습니다.

1년 6개월이 넘는 시간을 하루에 한두 끼씩 금식했더니 살이 11kg 정도 빠졌습니다. 솔직히 기운도 없지만 금식하며 기도하는 것이 얼마나 큰 능력인지 확실하게 알 수 있는 기회였습니다. '이래서 기도하는 사람들이 기운 없고 힘들지만 금식기도를 감내하는구나!' 하고 깨달을 수 있었습니다.

***

에스더서를 보면 금식 기도가 얼마나 강력한 지를 알 수 있습니다. 아하수에로 왕이 아각 사람 함므다다의 아들 하만의 지위를 높이 올렸을 때의 일입니다에 3:1. 왕의 모든 신하들이 다 왕의 명령대로 하만에게 꿇어 절하는데 유다인 모르드개는 하만 앞에 꿇지도 않고 절하지도 않습니다에 3:2. 자기들과 달리 절하지 않는 모르드개에게 다른 신하들이 하만에게 절하라고 권하지만 모르드개는 꿈쩍도 하지 않습니다에 3:3.

그 사실을 알게 된 하만은 매우 노해서 모르드개만이 아니라 아하수에로의 온 나라에 있는 유다인 곧 모르드개의 민족을 다 멸하고자 마음을 먹습니다에 3:5-6. 하만은 왕에게 찾아가 간교한 말로 유다인들을 진멸할 법령을 요청합니다. 상황을 모르는 아하수에로 왕은 하만의 요청을 승인합니다에 3:7-11. 결국 유다인들은 젊은이, 늙은이, 어린이, 여인을 막론하고 다 죽게 생겼습니다에 3:13.

모르드개는 왕후의 지위에 있던 에스더에게 하만의 간계를 알리고 왕에게 나아가서 그 앞에서 자기 민족을 위하여 간절히 구하라고 요청합니다.에 4:7-8 그러나 에스더는 망설이며 전령을 통해 "왕의 신하들과 왕의 각 지방 백성이 다 알거니와 남녀를 막론하고 부름을 받지 아니하고 안뜰에 들어가서 왕에게 나가면 오직 죽이는 법이요 왕이 그 자에게 금 규를 내밀어야 살 것이라 이제 내가 부름을 입어 왕에게 나가지 못한 지가 이미 삼십 일이라"에 4:11라는 말을 전하게 합니다.

　모르드개는 머뭇거리는 에스더를 향해 단호하게 말합니다. "이 때에 네가 만일 잠잠하여 말이 없으면 유다인은 다른 데로 말미암아 놓임과 구원을 얻으려니와 너와 네 아버지 집은 멸망하리라 네가 왕후의 자리를 얻은 것이 이때를 위함이 아닌지 누가 알겠느냐"에 4:14. 모르드개의 말이 옳다고 생각한 에스더는 왕 앞에 나가기로 결단합니다. 그리고 한 가지를 모르드개에게 요청합니다. "당신은 가서 수산에 있는 유다인을 다 모으고 나를 위하여 금식하되 밤낮 삼 일을 먹지도 말고 마시지도 마소서 나도 나의 시녀와 더불어 이렇게 금식한 후에 규례를 어기고 왕에게 나아가리니 죽으면 죽으리이다"에 4:16.

　에스더가 왕 앞에 나갔을 때 왕이 금 규를 내밀게 하려면 에스더가 예뻐 보이는 게 유리합니다. 예뻐 보이려면 영양가 있게 잘 먹어야 합니다. 수분 보충도 충분히 해야 합니다. 피부 미용에도 신경 써야 하고 옷차림도 잘 꾸려야 합니다. 그런데 물도 마시지 않는 금식이라니 상식적으로는 납득할 수 없는 일입니다. 음식과 수분 섭취를 3일간이나 하지 않으면 얼굴은 초췌해지고 피부는 푸석푸석해질 것이기 때문입니다. 그런 상태로는 화장도 잘 받지 않을 것입니다.

그런데 기적과도 같은 일이 벌어집니다. 그렇게 금식한 후 왕 앞에 나아갔을 때 아하수에로 왕이 에스더에게 넋을 빼앗긴 것입니다. 왕은 에스더가 얼마나 사랑스러운지 손에 잡았던 금규를 내밀었습니다에 5:1-2. 엄청난 제안까지 합니다. "왕후 에스더여 그대의 소원이 무엇이며 요구가 무엇이냐 나라의 절반이라도 그대에게 주겠노라"에 3:3. 결국 유다인들은 구원을 받게 되고 거꾸로 유다인들을 진멸하려 하던 하만은 나무에 달려 죽습니다에 7:9-10.

사실, 사람의 마음과 생각을 움직이시는 분은 하나님이십니다. 에스더가 아무리 예쁘게 자신을 꾸민다 해도 하나님께서 왕의 마음을 뒤틀어버리시면 아무 소용이 없습니다. 그런 면에서 물도 마시지 않으면서 금식기도 하는 에스더의 모습이 인간적으로 볼 때는 미련해 보이고 극단적이라고 생각될 수 있지만 영적으로 보면 참 지혜로운 선택을 한 것입니다. 하나님이 기뻐하시는 일을 선택한 것이기 때문입니다.

여호사밧 왕도 금식기도의 위력을 잘 알고 있었습니다. 재임

중에 유다 왕국은 국가적인 위기를 맞습니다. 모압 자손과 암몬 자손들이 마온 사람들과 연합해서 여호사밧 왕을 공격하려고 몰려왔습니다.대하 20:1. 한 나라만 쳐들어와도 큰일인데 여러 나라가 연합하여 쳐들어왔으니 이제 나라는 끝장난 것이나 다름없는 상황입니다. 보고를 받은 여호사밧은 희한한 행동을 합니다. 온 유다 백성에게 금식하라고 공포했습니다.대하 20:3. 아니, 전쟁이 시작될 상황이라면 무기를 준비시키든지, 여인들이나 아이들을 안전한 곳으로 대피시키든지, 외국에 원군을 청하는 것이 정상입니다. 그런데 금식기도를 하라니 제 정신이 아닌 것처럼 보입니다. 잘 먹고 힘을 내서 싸워도 이기기 힘든 판에 금식까지 하면 무슨 기운으로 전쟁을 치른다는 것입니까?

그러나 놀랍게도, 백성들이 왕을 정신병자 취급하지 않고 왕의 말대로 하나님의 도우심을 구하고자 유다 모든 성읍에서 모여와 여호와께 간구하였습니다.대하 20:4. 이처럼 모여 금식하며 기도하는 여호사밧 왕과 백성들에게 하나님이 "온 유다와 예루살렘 주민과 여호사밧 왕이여 들을지어다 여호와께서 이같이 너희에게 말씀하시기를 너희는 이 큰 무리로 말미암아 두려워하거나 놀라지 말라 이 전쟁은 너희에게 속한 것이 아니요 하나님께 속한 것이니라"대하 20:15 라고 말씀하십니다.

여호사밧은 적들이 쳐들어온다는 소식을 처음 들었을 때는 심히 두려워했습니다. 하지만 여호사밧이 선지자를 통해 하나님의 말씀을 들은 후에는 담대해집니다. 왕은 백성들을 향해 "유다와 예루살렘 주민들아 내 말을 들을지어다 너희는 너희 하나님 여호와를 신뢰하라 그리하면 견고히 서리라 그의 선지자들을 신뢰하라 그리하면 형통하리라" 대하 20:20 라고 외칩니다. 여호사밧 왕은 더욱 대담한 행동을 합니다. 노래하는 자들을 택하여 거룩한 예복을 입히고 군대 앞에서 행진하며 여호와를 찬송하며 나아가게 했습니다 대하 20:21. 그러자 놀라운 일이 발생합니다. 쳐들어온 적들 사이에 내분이 일어나 자기들끼리 싸우다가 지리멸렬 해버렸습니다. 성경은 그 일을 하신 분이 하나님이시라고 기록하고 있습니다.

> 그 노래와 찬송이 시작될 때에 여호와께서 복병을 두어 유다를 치러 온 암몬 자손과 모압과 세일 산 주민들을 치게 하시므로 그들이 패하였으니 곧 암몬과 모압 자손이 일어나 세일 산 주민들을 쳐서 진멸하고 세일 주민들을 멸한 후에는 그들이 서로 쳐죽였더라 _대하 20:22-23

사람은 위기나 문제를 겪을 때 너무 힘을 쓰려는 경향이 있습니다. 위기일수록 자기가 어떻게든 해보겠다는 식의 힘을 빼고 전적으로 하나님만 바라봐야 합니다. 그런데 이게 잘 되지 않습니다. 이런 때 힘을 뺄 수 있는 좋은 방법이 금식기도입니다. 정말 힘이 빠집니다. 일단 몸에서 힘이 빠집니다. 나아가서 인간적인 수단과 방법을 찾으려고 발버둥치는 힘이 빠집니다. 차분하게 하나님께만 집중할 수 있게 됩니다.

박영하 집사님이라는 분에 대한 글을 읽었습니다. 박영하 집사님의 친정아버지는 술로 인생을 살다가 심장마비로 돌아가셨습니다. 그래서 박 집사님은 술 마시는 남자와는 절대로 결혼을 하지 않겠다고 결심했습니다. 남편과 결혼할 때도 술을 마시지 않는다고 몇 번이나 확인을 한 뒤에 결혼을 했습니다. 그런데 결혼 3년 만에 남편이 술을 즐기는 사람이라는 사실을 알게 되었습니다. 들통이 나자 남편은 아예 보란 듯이 매일 술을 마시고 들어왔습니다. 부부는 매일 싸움을 하게 되었습니다. 남편이 친정아버지처럼 술 때문에 죽게 될까봐 신경이 잔뜩 예민해진 박영하 집사님은 결국 위장병에 걸렸습니다. 마음이 너무 상심한 박 집사는 살고 싶은 마음도 없어졌습니다. 피해의식이 생겨 남편에 대해 원망하고 미워하는 마음만 들었습니다. 그러니 건강은 점점 더 악화되었고 약을 먹어도 소용이 없었습니다. 밥을 제대로 먹지 못하니 몸은 점점 말라가서 뼈만 남았고 몸에 기운도 빠져 탈진 상태에 이르게 되었습니다.

하루는 전도사님이 심방 예배를 인도하며 "집사님. 남편에 대한 원망이 사라져야 건강이 다시 찾아옵니다. 남편에 대한 원망을 버려야 합니다. 기도원에 가서 금식기도를 하십시오. 마음이 건강해야 육체도 건강하지, 계속해서 원망하고 불평하고 미움이 가득한 상태에서는 무엇을 먹고, 무엇을 해도 효과가 없습니다." 하며 간곡하게 권면을 했습니다.

박영하 집사님은 가뜩이나 못 먹어서 말라비틀어진 몸인데 금식을 하라니 말도 안 되는 소리를 한다고 생각하지 않고 전도사의 제안을 받아들였습니다. 기도원으로 올라가서 3일간 금식 기도를 했습니다. 처음에는 하나님 앞에 자신의 신세를 한탄하며 "이렇게 악한 남편이 있을 수가 있습니까?"라고 남편을 원망하는 기도를 했습니다.

그런데 금식 기도하며 이틀 쯤 지나자 하나님께서 놀랍게도 "네가 더 악하다"라고 말씀하셨습니다. 박 집사님은 자신이 더 악하다는 것을 인정할 수 없어서 하나님 앞에 따졌습니다. 그런 박 집사님에게 하나님께서 "남편은 술만 마시지만 너는 남편과 싸움을 하지 않느냐. 그래서 남편을 힘들게 하고 가정을 어렵게 하지 않았느냐. 술 마신 남편보다 싸움을 한 네가 더 나쁘다."라고 말씀하셨습니다.

박 집사님은 하나님 앞에 회개하고 술에 취해 들어오는 남편을 용서하는 마음을 달라고 기도했습니다. 그렇게 3일 금식을 끝내고 나자 술 마시는 남편이 밉고 자기를 속였다는 배신감이 느껴지는 게 아니라 불쌍하게 생각되었습니다. 불쌍하게 생각되니 남편이 술을 마시고 와도 더욱 잘해 주게 되었는데 그런 아내의 변화에 감동을 받은 남편이 교회를 따라 나오기 시작했습니다.

남편은 신앙이 들어가면서 술도 끊었습니다.

늪에 빠졌을 때는 발버둥을 칠수록 더 빠져들기만 할 뿐입니다. 그런데도 발버둥치는 것은 어리석은 짓입니다. 인생의 늪에 빠졌을 때도 마찬가지입니다. 어떻게든 벗어나려고 발버둥을 칠 게 아니라 금식으로 힘을 빼고 하나님만 바라봐야 합니다. 그것이 지혜입니다. 머리를 굴리고 사람을 찾아다니며 수단을 강구하는 것보다 하나님께서 한번 도와주시는 게 훨씬 낫습니다.

14

서원하며
기도하라

야곱이 서원하여 이르되 하나님이 나와 함께 계셔서 내가 가는 이 길에서
나를 지키시고 먹을 떡과 입을 옷을 주시어 내가 평안히 아버지 집으로
돌아가게 하시오면 여호와께서 나의 하나님이 되실 것이요
내가 기둥으로 세운 이 돌이 하나님의 집이 될 것이요 하나님께 서 내게 주신
모든 것에서 십분의 일을 내가 반드시 하나님께 드리겠나이다 하였더라

창 28:20-22

장기려 박사님의 경력은 그야말로 화려합니다. 평양 도립병원 원장 1945.11~1946.12, 평양 의과대학 외과 교수 1947.01~1950.11, 부산 제3육군병원 외과 1950.12~1951.06, 부산 복음병원 원장 1951.07~1976.06, 서울대학교 외과 교수 1953.03~1956.09, 부산대학교 의과대학 외과 교수 1956.09~1961.10, 서울 가톨릭 의과대학 외과 교수 1965.03~1972.12, 부산 복음간호전문대학 외과 교수 1968.04~1979.12, 청십자 의료보험조합 대표이사 1968.05~1989.06, 한국 간연구회 초대회장 1974.02, 거제도 고현보건원 1976.05, 부산 아동병원 원장 겸 이사장 1976.10, 한국 청십자 사회복지회 대표이사 1976.11~1993.04, 인제대학교 의과대학 부속 부산 백병원 명예원장 1979.03, 청십자병원 명예원장 1983.03, 한국 장애자재활협회 부산지부장 1985.03~1994.12, 한국 청십자 사회복지

회 명예대표이사 1993.04.

경력만큼이나 시상 내역도 대단합니다. 보건의 날 공로상 1960, 대한의학협회 학술상 1961, 부산시 제1회 선한시민상 1975, 제4회 보건의 날 국민훈장 동백장 1976, 인도장 금상 1978, 라몬 막사이사이 사회봉사상 1979, 제23회 부산시 문화상 1980, 국제 라이온스 인도상 1981, 국민훈장 무궁화장 1996, 과학기술인 명예의 전당 2006. 이런 상을 한 사람이 받았다고 하니 놀랄 정도입니다.

그런데 사람들이 장기려 박사님을 존경하고 본받고 싶어 하는 것은 위에 언급된 엄청난 경력 이상의 것이 있기 때문입니다. 바로 그것은 예수님을 닮은 신앙 인격입니다. 평양 연합 기독 병원에서 바쁜 업무로 정신이 없을 때도 장 박사님은 자신의 월급을 털어 빈민촌을 돌아다니며 무료 진료를 했습니다. 생활비를 제대로 받지 못하던 그의 부인은 삯바느질로 생계를 꾸려가면서 남편을 도왔습니다.

1950년 한국 전쟁이 일어났을 때 장 박사님은 국군의 요청으로 부상자들을 돌보기 위해 부인과 5남매를 남겨둔 채 둘째 아들만을 데리고 월남했습니다. 그 후 다시는 부인을 만나지 못했는데 장 박사님은 평생 부인의 사진을 간직한 채 부인을 그리워하며 삽니다. 월남한 장 박사님은 전쟁의 피해와 질병으로 고통 받고 죽어가는 환자들을 위해 부산에 천막을 치고 무료 진료를 시작합니다. 하루에 200명이 넘는 환자를 촛불을 켜놓고 진료했습니다. 당연히, 고되기가 이루 말할 수 없었지만 묵묵히 감당했습니다.

후에 병원 운영을 위해 어쩔 수 없이 조금씩이나마 진료비를 받을 때도 돈이 없는 환자들을 보면 자신의 월급을 가불해서 대신 내주었습니다. 하루는 그가 운영하는 병원에 가난한 농부가 입원을 했는데 치료가 다 마쳐졌음에도 퇴원할 수가 없었습니다. 입원비를 낼 수가 없었기 때문입니다. 집으로 돌아가 농사를 짓지 않으면 가족들이 굶어 죽는다는 말을 듣게 된 장 박사는 그날 밤 병원 뒷문을 살짝 열어주어 농부를 내보냈습니다. 차비까지 쥐어 주었습니다.

장기려 박사님은 장로님이셨습니다. 기도하는 일에 소홀히 한 적이 없기로도 유명합니다. 한번은 수술실에서 집도자인 장기려 박사님을 기다리고 있었는데 도무지 나타나지 않았습니다. 의사 한 분이 장 박사님의 방으로 찾아갔습니다. 장기려 박사님은 방 한구석에 무릎을 꿇고 기도하고 있었습니다. 자신을 찾으러 온 것을 알고는 "아, 내가 늦었나요?" 하면서 미안한 듯 서둘러 수술실로 갔습니다. 그만큼 기도에 깊이 몰두했던 것입니다. 그리고 모든 수술 전에 반드시 그처럼 기도를 했다고 하니 그 신앙 열정이 얼마나 큰지 알 수 있습니다.

장기려 박사님의 멋지고 위대한 인생은 청년시절에 하나님께 드린 간절한 서원기도에서 시작되었습니다. 일제 강점기 때의 의대 입학시험을 보면서 하나님께 기도하면서 "이 학교에 입학

시켜 주시면 평생 불우하고 가난한 사람들을 위해 몸을 바치겠습니다."라고 서원했습니다.

많은 사람들이 서원을 해놓고는 정작 자신이 처한 상황이 좋아지면 서원한 것을 까맣게 잊고 자신의 안락과 성공을 위해 살아가곤 합니다. 그러나 장 박사님은 하나님께 서원한 것을 평생토록 잊지 않았습니다. 장 박사님은 "의사가 된 날부터 지금까지 치료비가 없는 환자를 위해 책임감을 잊어버린 날은 없었다. 이 결심을 잊지 않고 살면 나의 생애는 성공이요, 이 생각을 잊고 살면 실패라고 생각하고 있다."라고 고백했습니다.

＊＊

성경에서 서원 기도를 한 사람을 생각하자면 먼저, 야곱이 떠오릅니다. 에서와 쌍둥이인 야곱은 태속에서부터 형과 싸웁니다 창 25:22. 태어날 때는 손으로 에서의 발꿈치를 잡고 태어납니다 창 25:26. 장성한 후에는 사냥을 잘해서 아버지 이삭의 사랑을 많이 받는 에서와 달리 야곱은 집 안에 주로 머무릅니다. 어머니 리브가가 야곱을 사랑해줍니다 창 25:27-28.

장자의 명분 혹은 하나님의 복에 대한 야곱의 집념은 대단합니다. 어느 날 야곱은 죽을 쑤었는데 들에서 돌아온 에서가 죽을 요구했습니다. 그러자 야곱은 죽을 줄테니 그 대신에 장자의 명분을 자신에게 팔라고 말합니다 창 25:29-31. 겨우 죽 한 그릇으로 장자의 명분을 사겠다는 야곱의 모습이 바람직해보이지 않습니다.

마찬가지로 배고픈 것 때문에 하나님과 관련한 장자의 명분을 쉽게 팔아버린 에서도 바람직해보이지 않습니다 창 25:32-33.

그 후에 한 가지 사건이 더 벌어집니다. 어느 날 아버지 이삭이 형 에서만 살짝 부르더니 사냥해서 별미를 만들어 가져오라고 합니다. 그 별미를 먹고 마음껏 축복하겠다는 말도 했습니다 창 27:1~4. 아버지의 축복은 단순히 말로만 끝나는 것이 아니라 하나님이 책임져주시고 그 축복대로 해주시는 것이기에 매우 의미 깊은 것이었습니다.

이삭의 말을 들은 리브가가 자신이 별미를 만들어 줄 테니 에서보다 먼저 아버지에게로 가서 에서 대신 축복을 받으라고 야곱에게 말합니다 창 27:5-10. 야곱은 어머니에게 형 에서는 털이 많고 자신은 매끈매끈 한 사람이라 아버지에게 들통 나서 복은 고사하고 저주를 받을 것이라며 망설입니다 창 27:11-12. 리브가는 저주는 자기에게로 돌릴 테니 자기 말만 따르라고 야곱을 부추기고 별미를 만들어줍니다 창 27:13-14. 게다가 시력이 나쁜 남편 이삭이 냄새로 에서와 야곱을 구분할까봐 야곱에게 에서의 옷을 가져다가 입힙니다 창 27:15. 아버지에게 별미를 가져간 야곱은 에서로 가장하고 이삭에게서 축복을 받습니다 창 27:18-23. 이삭의 축복은 야곱을 에서로 알고 "내 아들의 향취는 여호와께서 복 주신 밭의 향취로다 하나님은 하늘의 이슬과 땅의 기름짐이며 풍성한 곡식과 포도주를 네게 주시기를 원하노라 만민이 너를 섬기고 열국이 네게 굴복하리니 네가 형제들의 주가 되고 네 어머니의 아들들이 네게 굴복하며 너를 저주하는 자는 저주를 받고 너를 축복하는 자는 복을 받기를 원하노라" 창 27:27-29 라고 축복합니다.

사냥을 마치고 돌아온 에서는 별미를 만들어 아버지에게로 가져가지만 이미 야곱이 축복을 다 받아간 뒤였습니다 창 27:30-33. 에서가 아버지 앞에서 소리 내어 울지만 소용이 없습니다 창 27:34. 에서가 야곱을 미워했습니다. 아버지가 죽을 날이 가까웠으니 아버지가 죽으면 야곱을 죽이겠다고 작정합니다 창 27:41. 그러자 리브가는 야곱이 에서 손에 죽을까 걱정되어 야곱을 불러 라반의 집으로 피신하라고 합니다 창 27:42-43. 졸지에 야곱은 도망자 신세가 되었습니다. 하란을 향해 가다가 해가 지니 돌 하나를 가져다가 베개로 삼고 누워 잠을 청합니다 창 28:10-11. 놀라운 꿈을 꿉니다. 사닥다리가 땅 위에 서 있는데 그 꼭대기가 하늘에 닿았습니다. 야곱이 올려다보니 하나님의 사자들이 그 위에서 오르락내리락 합니다 창 28:12. 하나님의 음성도 듣습니다. "나는 여호와니 너의 조부 아브라함의 하나님이요 이삭의 하나님이라 네가 누워 있는 땅을 내가 너와 네 자손에게 주리니 네 자손이 땅의 티끌 같이 되어 네가 서쪽과 동쪽과 북쪽과 남쪽으로 퍼져나갈지며 땅의 모든 족속이 너와 네 자손으로 말미암아 복을 받으리라 내가 너와 함께 있어 네가 어디로 가든지 너를 지키며 너를 이끌어 이 땅으로 돌아오게 할지라 내가 네게 허락한 것을 다 이루기까지 너를 떠나지 아니하리라" 창 28:13-15 하는 말씀입니다.

잠이 깬 야곱은 두려워합니다 창 28:17. 할아버지 아브라함과 아버지 이삭이 섬기던 하나님이 이제 야곱의 하나님이 되셨습니다. 야곱은 자신이 누워 자던 곳을 하나님의 집이요 하늘의 문이라고 부릅니다 창 28:18. 야곱은 아침에 일찍 일어나 베개로 삼았던 돌을 가져다가 기둥으로 세우고 그 위에 기름을 붓고 경배를 드립니다 창 28:18.

그때 야곱은 하나님 앞에 서원하며 "하나님이 나와 함께 계셔서 내가 가는 이 길에서 나를 지키시고 먹을 떡과 입을 옷을 주시어 내가 평안히 아버지 집으로 돌아가게 하시오면 여호와께서 나의 하나님이 되실 것이요 내가 기둥으로 세운 이 돌이 하나님의 집이 될 것이요 하나님께서 내게 주신 모든 것에서 십분의 일을 내가 반드시 하나님께 드리겠나이다" 창 28:20-22 라고 기도했습니다.

이쯤에서 생각해봐야 할 것이 있습니다. 서원 기도에 능력이 있고 하나님의 응답이 있는 것은 틀림없지만 그 이후의 우리 태도에 대한 것입니다. 하나님 앞에 서원한 것은 반드시 지켜야 한다는 것입니다. 시편 15편에 보면, 시편기자는 주의 장막에 머무를 자 누구며 주의 성산에 사는 자 누구냐는 질문으로 시작합니다 1절. 그리고 그 자격요건을 열거합니다. 그 중에 하나가 마음에 서원한 것은 해로울지라도 변하지 아니하는 사람이라고 말씀합니다 4절.

야곱의 경우 하나님께 서원 기도를 드렸고 하나님의 도우심으로 가족도 생기도 재산도 모은 채로 돌아오게 되지만 서원을 지키지 않았습니다. 벧엘로 가야 하는데 세겜에 머물렀습니다 창 33:18-20. 야곱이 다시 벧엘로 간 것은 세겜에서 딸 디나가 세겜 족장의 아들에게 능욕을 당하고 창 34:1-2 그에 분노한 야곱의 아들들이 세겜 사람들을 죽인 다음입니다 창 34:25-27. 서원 기도는 반드시 지켜야 한다는 것과 더불어 중요한 요소가 하나가 더 있습니다. 서원 기도는 신중하게 해야 한다는 점입니다. 상황에 떠밀리거나 감정에 휩싸여서 성급하게 서원 기도를 하다가는 서원 기도가 올무가 될 수 있기 때문입니다. 급하게 한 서원 기도 때문에 평생 마음의 짐을 안고 살아가는 경우도 있습니다.

구약에서 서원 기도를 성급하게 한 사람 가운데 입다가 있습니다. 길르앗 사람 입다는 기생이 낳은 아들입니다. 그래서 차별 대우를 받았고, 본 부인의 아들들에 의해 아버지의 집에서 쫓겨났습니다 삿 11:1-2. 입다가 큰 용사인지라 잡류가 모여들었습니다. 입다는 그들의 우두머리 노릇을 하면서 지냅니다 삿 11:3. 얼마 후 암몬 자손이 이스라엘을 쳐들어오면서 상황이 변합니다 삿 11:4. 길르앗 사람들을 이끌어 암몬에 맞서 싸우러 갈 용맹한 지도자가 필요해졌습니다. 길르앗에 마땅한 인재가 없었습니다. 결국, 길르앗의 장로들은 입다를 찾아가서 자신들의 군대를 이끌어달라고 요청합니다 삿 11:5-6. 그렇게만 해주면 입다를 길르앗 모든 주민의 우두머리로 삼겠다고 약속합니다 삿11:8. 입다에게 그 제안은 정말 매력적이었습니다. 기생의 아들이란 이유로 서럽게 괄시받던 위치에서 지도자의 위치로 신분이 완전히 달라지는 것이기 때문입니다.

이제 입다는 길르앗 사람들의 머리가 될 기회가 생겼습니다. 자신의 상황을 다 하나님께 아룁니다 삿11:11. 암몬과의 싸움에서 이기기만 하면 됩니다. 이겨야 길르앗 전체의 지도자가 될 수 있습니다. 마음이 다급했던 탓인지 입다는 하나님께 성급하게 서원 기도를 합니다. "주께서 과연 암몬 자손을 내 손에 넘겨 주시면 내가 암몬 자손에게서 평안히 돌아올 때에 누구든지 내 집 문에서 나와서 나를 영접하는 그는 여호와께 돌릴 것이니 내가 그를 번제물로 드리겠나이다" 삿11:30-31 라고 서원합니다.

입다가 백성들을 거느리고 나가 싸울 때 하나님은 암몬 사람들을 입다의 손에 넘겨주십니다 삿11:32. 암몬은 크게 패배하고 이스라엘 앞에 항복합니다 삿11:33. 암울하던 이스라엘은 기쁨에 가득 차고 입다는 승리의 주인공이 되어 화려하게 개선합니다. 이제 입다의 지도력과 지위에 대해 이의를 제기할 사람은 아무도 없습니다.

그런데 기쁨만이 가득할 줄 알았던 상황에 변수가 생깁니다. 집으로 돌아온 입다를 가장 먼저 영접한 사람이 입다의 무남독녀였습니다 삿11:34. 입다의 딸은 소고를 잡고 춤추며 나와서 영접하지만 입다의 마음은 찢어집니다. 입다는 "어찌할꼬 내 딸이여 너는 나를 참담하게 하는 자요 너는 나를 괴롭게 하는 자 중의 하나로다 내가 여호와를 향하여 입을 열었으니 능히 돌이키지 못하리로다"_{삿 11:35} 라고 탄식합니다.

입다에 대한 사사기 기록을 읽을 때 의문이 듭니다. 만약 입다를 처음 영접한 이가 다른 사람이었다면 입다가 기뻤을까 하는 점입니다. 남의 자녀라면 어쩌려고 그런 서원을 했을까요? 처음 영접하는 이가 설령 종이라 하더라도 그런 서원을 하면 안 됩니다. 아무리 전쟁에서 승리하여 길르앗 사람들의 머리가 되고 싶은 마음이 간절하다 하더라도 서원 기도를 그처럼 경솔하게 해서는 안 됩니다. 서원 기도한 것은 반드시 지켜야 하고 애초에 서원할 때 경솔하지 않아야 한다는 것만 잊지 않는다면 서원 기도는 분명 능력 있는 기도라고 할 수 있습니다.

서원 기도를 통해 죽음의 위기에서 벗어났고 하나님 나라를 확장하는데 크게 쓰임 받은 사람이 있습니다. 바로 러셀 콘웰이라는 사람입니다. 미국 남북전쟁 때에 아틀란타 근처 산악지대에서 치열한 전투가 벌어졌습니다. 전투가 다 끝난 밤에 스물한 살밖에 되지 않은 젊은 장교가 중상을 입은 채 쓰러져 있었습니다. 위생병들이 그 장교를 발견했지만 죽었다고 판단하고 그냥 돌아가고 말았습니다.

그 장교는 하나님의 사랑도 예수님의 대속의 죽음도 믿지 않는 무신론자였습니다. 비록 부모가 신앙인이고 아들을 위해 날마다 기도하고 있었지만 아들은 아들이 하나님께로 돌아오기를 바라는 부모의 간절한 소원을 무시한 채 하루하루를 살다가 이제 전쟁터에서 죽게 되었습니다. 죽음에 임박하자 이 장교는 부모님들의 믿음을 떠올리며 하나님께 기도를 드렸습니다.

"하나님. 만일에 나를 살게 해 준다면 남은 인생을 하나님께 봉사하겠습니다."

다음 날 놀라운 일이 발생했습니다. 날이 밝은 뒤에, 어떤 위생병이 이 장교가 쓰러져 있는 곳으로 돌아왔습니다. 이 위생병은 이 젊은 장교가 아직 살아있음을 확인하고는 서둘러 야전병원으로 후송했습니다. 병원에서 이 젊은 장교는 자신이 서원 기도한 것을 지키기 위해 군목을 불렀습니다. 그리고 군목에게 자신이 하나님께 약속한 이야기를 털어 놓았습니다. 그리고 예수님을 주님으로 영접하고 신실하게 신앙생활을 했습니다.

죽음에서 살아난 이 젊은 장교 러셀 콘웰은 귀한 역할을 감당했습니다. 그는 필라델피아의 템플 대학교와 세 개의 종합병원을 설립하였습니다. 필라델피아 침례교회도 그를 통해 태동하였습니다. 그는 좋은 책을 20여 권이나 출간하였고 수많은 사람들을 하나님의 품으로 인도하였습니다. 하나님은 러셀 콘웰의 서원 기도를 들으시고 그를 기적의 주인공이 되게 해주신 것입니다.

한 사람을 더 소개하려고 합니다. ㈜영성의 회장이며, 서울 서대문 결핵병원 내에 있는 베데스다 교회 설립자인 이정재 장로님입니다. 이정재 장로님은 전남 장흥에서 4남 5녀 중 여덟째로 태어났습니다. 목포에서 중학교를 마친 뒤 16세 때에는 아무 대책도 없이 무작정 서울로 올라갔습니다. 남산 토굴에서 담요 몇 장을 깔고 지내는 열악함 속에서도 열심히 공부했습니다. 검정고시에 합격한 후 서울대 농화학과에 진학했습니다. 대학을 졸업한 후에 사카린 등 인공 감미료 제조에 손을 대서 많은 돈을 벌었습니다. 그러다 33세 때인 1969년에 피를 쏟으며 쓰러졌습니다. 병명은 결핵이었습니다. 지금은 결핵을 대수롭지 않은 병으로 취급하지만 그 당시에는 불치병처럼 여겼습니다. 의사들은 사실상 사망선고를 내렸습니다. 이정재 장로님은 시립 서대문 병원을 찾아갔습니다. 그곳에서 결핵환자들이 많이 죽어나가는 모습을 목격했습니다.

이정재 장로님은 그 끔찍스러운 광경을 보면서 하나님께 "하나님! 한 번만 살려 주시면 결핵 환자들을 위하여 이 생명을 바치겠습니다."라고 서원 기도를 드렸습니다. 하나님께서 그 기도를 들으셨습니다. 이정재 장로님은 기적적으로 고침을 받았고 결핵에서 완쾌되었습니다. 다시 사업에 뛰어들면서 하나님께 다시금, "하나님! 이 사업의 이익금은 모두 결핵환자들을 위하여 사용하겠습니다."라고 약속했습니다. 하나님의 도우심으로 많은 돈을 번 이정재 장로님은 자신의 유익을 위해 그 돈을 사용하지 않고 하나님께 약속드린 대로 결핵환자들을 위해 사용했습니다. 이정재 장로님은 결핵환자들을 위해 〈베데스다 선교회〉를 만들었습니다. 필요한 비용도 기꺼이 내놓았습니다. 종로 YMCA 옆의 대지 500평(현 시가 1000억 원 추정), 인천시 내오리 산 28번지에 있는 토지 1만 8,900평(현 시가 30억 원 추정), 그리고 현금 26억여 원을 내놓았습니다.

이정재 장로님은 2001년 3월 17일자 국민일보에 실린 인터뷰에서 "아까운 마음은 없습니다. 어차피 하나님의 것이니까요. 다만 저의 작은 결심이 한 기폭제가 되었으면 합니다."라고 고백하였습니다. 세상에 돈이 아깝지 않은 사람이 어디 있겠습니까? 그렇지만 하나님께 서원 기도한 것을, 약속한 그대로 지키는 것이 올바른 믿음입니다. 그런 점에서 이정재 장로님의 믿음은 귀감으로 삼을 만합니다.

15

합심하여
기도하라

진실로 다시 너희에게 이르노니 너희 중의 두 사람이 땅에서
합심하여 무엇이든지 구하면 하늘에 계신 내 아버지께서
그들을 위하여 이루게 하시리라

마 18:19

　어릴 때 제 눈에는, 술 취한 사람들이 딱 두 종류로 보였습니다. 한 종류는 술 취한 후 그냥 아무데서나 잠을 자는 사람들입니다. 이 사람들은 술 마신 곳이든, 집이든, 길바닥이든, 가리지 않고 아무데서나 잠을 잡니다. 저는 이런 사람들을 그나마 좋게 생각했습니다. 적어도 그들은 주변 사람들에게 못되게 굴지 않습니다.

　또 한 종류의 사람들은 술만 취했다하면 주변 사람들을 괴롭히는 사람들입니다. 이런 사람들은 해서는 안 될 말을 하기도 하고, 소리를 질러대기도 하고, 공연히 시비를 걸기도 하고, 폭력을 행사하기도 합니다. 나쁜 사람들입니다. 상대방이 실수를 하거나 잘못한 것이 있어서 그렇게 행동하게 되는 것이 아닙니다.

까닭도 없이 자기 혼자서 그렇게 행동합니다. 안타깝게도 우리 아버지가 후자에 속했습니다. 술만 취하면 어머니를 괴롭혔습니다. 어머니가 밥을 차려주시면 그냥 드시면 되는 데도 밥상을 뒤집어엎곤 하셨습니다. 방바닥에 쏟아진 밥알이 반찬과 국물에 뒤범벅이 되어 난장판이 된 적이 한두 번이 아닙니다. 초등학생이던 저는 그런 아버지를 이해할 수가 없었습니다. 밥상이 뭐라 말대꾸를 한 것도 아닌데 도대체 왜 밥상을 뒤엎는지 모르겠습니다.

엉뚱한 화풀이를 당하는 것은 밥상만이 아니었습니다. 아버지는 툭 하면 문짝을 걷어차셨습니다. 판자촌 문짝이 튼튼할 리가 없습니다. 아버지의 발길질에 문짝은 박살이 나고 맙니다. 술 깨신 아버지는 문짝을 고칩니다. 술 취한 아버지는 문짝을 박살 냅니다. 문짝은 고쳐졌다가 부서졌다가를 반복합니다. 그러니 문짝은 누더기가 됩니다. 그런 아버지를 정말 이해할 수가 없었습니다.

장남인 저는 용기를 냈습니다. 어머니를 힘들게 만들던 아버지에게 그러지 마시라고 말씀드렸습니다. 그 덕분에 저는 아버지에게 구박을 받았습니다. 어머니가 시켜서 그런다고 어머니께도 난리를 치셨습니다. 어머니가 시킨 적이 없다고 말씀드려도 아무 소용이 없었습니다. 한번은 술 취한 아버지를 피해 집을 나갔습니다. 갈 곳이 없었습니다. 추운 겨울이라 볏단이 쌓인 곳에 가서 그 속에 있는 볏단들을 빼내고 동굴처럼 만들어 기어들어 갔습니다. 허술하게 만들었는지 냉기를 막지 못했습니다. 추위에 몸이 얼기 시작했습니다. 하는 수 없이 다시 집으로 돌아갔습니다. 마침 아버지가 다시 술을 마시러 나가셨고, 저는 집에서 잠을 잘 수 있었습니다.

아버지가 가족을 힘들게 하는 것은 술만이 아니었습니다. 일거리가 없는 아버지는 틈만 나면 노름을 하셨습니다. 어머니가 땡볕에 풀을 뽑고 돈을 조금 받아오시면 소리소리 질러가며 그 돈을 빼앗아 화투판으로 달려가셨습니다. 화투를 되게 못 치셨습니다. 화투로 돈을 따온 적이 단 한 번도 없으셨습니다. 돈을 따서 제가 먹고 싶어 하던 20원짜리 과자 '자야' 한 봉지라도 사오셨다면 그나마 좋은 기억이 하나쯤은 남았을 것입니다.

저는 아버지가 싫었습니다. 초등학생 때 복수를 다짐했습니다. "지금은 내가 어리고 힘이 없으니까 이렇게 당하고 살지만 나중에 아버지는 늙을 거고 힘이 빠질 텐데 그때는 나한테 당할 줄 알아라."라고 결심했습니다. 차라리 아버지란 존재는 없는 편이 더 낫다는 생각이 들기도 했습니다. 늘 고생만 하시는 어머니가 너무나도 불쌍했습니다.

놀라운 것은 그처럼 나쁘게 행동하는 아버지를 대하는 어머니의 태도였습니다. 어머니는 우리 4남매 앞에서 아버지를 욕한 적이 없었습니다. 집안을 난장판으로 만드신 아버지가 다시 술을 드시러 나가면 어머니는 우리들을 모아놓고 아버지를 위해 기도하셨습니다. 그런 어머니의 모습은 판자촌에 사는 다른 아주머니들의 모습과 전혀 다른 모습이었습니다.

중학교 1학년 초에 한쪽 팔을 잃고 너무나 절망적인 상황에 처했던 저는 그때, 오직 위 밖에 바라볼 곳이 없어서 하나님께 기도하다가 하나님을 만났습니다. 하나님을 만난 뒤에, 저에게 아버지는 여전히 좋아할 수 없는 대상이었지만 그렇다고 복수의 대상은 아니게 되었습니다. 저는 하나님께 아버지를 사람 만들어 달라고 기도하기 시작했습니다. 어머니는 원래 기도하셨고 이제 장남이 기도하기 시작하면서 아버지를 위한 합심기도가 시작된 것입니다. 사실, 아버지가 교회를 나가신다는 것은 인간적으로 볼 때 불가능한 일이었습니다. 교회를 싫어하셨을 뿐만 아니라 가족들이 신앙 생활하는 게 보기 싫어 성경을 불태우기까지 한 분입니다. 그럼에도 불구하고 하는 기도는 혼자가 아니라 어머니와 아들이 마음을 모아 서로가 서로에게 힘이 되었습니다.

합심하여 드리는 기도가 쌓이면서 하나님께서 아버지의 삶에 개입하기 시작하셨습니다. 아버지가 교회에 출석하기 시작하신 것입니다. 나아가 술과 담배를 끊으셨습니다. 아버지가 교회를 다니기 전에도 술과 담배를 끊으려 시도한 적은 있었습니다.

한번은 아버지가 우리들이 보는 앞에서 담배를 구겨서 쓰레기통에 버리셨습니다. 저는 깜짝 놀랐습니다. 자야보다 엄청 비싼 담배, 아니 어릴 때 딱 한 번 먹어본 신의 과자 크라운 산도(자야는 20원, 자야보다 작은 산도는 자야의 두 배 반인 50원짜리)보다 비싼 담배를 구겨버리시다니 저는 정말 충격을 받았습니다. 하지만 얼마 후에 아버지는 담배를 새로 사서 피우셨습니다. '담배를 구겨서 버리지 말고 그냥 피우고, 새로 담배 살 돈으로 과자나 사주었으면 얼마나 좋을까!' 하는 생각도 해봤습니다.

또 한번은 대접에 멀건 물을 담아 놓으셨습니다. 담배 끊는 약이라고 하셨습니다. 그걸 마시기만하면 담배를 안 핀다는 것입니다. '그런 게 다 있구나' 하고 신기하다 생각했는데 아버지는 그 물을 다 마신 후 맛이 좀 이상하다시면서 입가심으로 담배를 피셨습니다. 정말 이해할 수 없는 아버지셨습니다.

그런 아버지가 신앙 생활을 착실히 하셨고, 술과 담배까지 끊었습니다. 우리 가족은 말할 것도 없고 주변 사람들도 모두 놀랐습니다. 아버지는 그냥 술과 담배가 싫어졌다고 말씀하십니다. 그런 걸 보면 나쁜 습관을 끊는 것은 은혜 받는 게 최고인 것 같습니다. 빈 병에 찬 공기를 빼내려고 흔들어도 안 되고, 바람을 불어도 안 되고, 뒤집어도 안 되지만 물을 채우면 물이 차는 만큼 공기가 저절로 빠져나갑니다. 마찬가지로 인간적인 노력으로 빠져나가지 않던 죄성이 은혜가 채워지는 만큼 자연스럽게 빠져나갑니다.

아버지가 달라지실 무렵 우리 가족이 다니던 교회는 교회건축을 시작하였습니다. 그때 아버지는 전력을 다해서 교회 일을 하셨습니다. 벽돌을 쌓는데 동참하셨습니다. 예전에 목수 일을 하셨던 경험을 되살려 예배당 강단을 짜기도 하셨습니다. 월급이 나오는 것도 아니고 일당이 주어지는 것도 아니었지만 아버지는 정말 열심히 일하셨습니다. 그런 아버지의 모습은 제게 너무나도 신기하게 보였습니다. 제가 알던 아버지가 아니었습니다.

하나님께서 그런 아버지를 예쁘게 보셨던 것 같습니다. 판자촌에서 벗어나는 것이 도저히 불가능할 것처럼 보였는데 판자촌을 벗어났습니다. 아버지는 지금 45평짜리 아파트에 사십니다. 아버지 소유의 상가도 하나 가지고 계십니다. 무엇보다도 아버지가 교회 장로가 되셨습니다. 아버지가 장로 안수를 받으시는 날 얼마나 감격스러웠는지 모릅니다. 하나님께서 어머니와 저의 합심 기도를 확실하게 응답하신 날입니다.

***

혼자 기도하는 것도 아름답고 귀한 일이지만 둘 이상이 합심하여 기도하는 것에는 더 큰 힘이 있습니다. 예수님은 합심하여 기도하는 것이 얼마나 유익한지 분명하게 말씀하셨습니다. "진실로 다시 너희에게 이르노니 너희 중의 두 사람이 땅에서 합심하여 무엇이든지 구하면 하늘에 계신 내 아버지께서 그들을 위하여 이루게 하시리라" 마 18:19.

사도행전에서 초대교회가 합심기도의 위력을 확실하게 경험하고 있다는 사실을 발견합니다. 우리의 죄를 대신 지시고 십자가에 죽으셨다가 삼일 만에 부활하신 예수님은 제자들에게 "내가 내 아버지께서 약속하신 것을 너희에게 보내리니 너희는 위로부터 능력으로 입혀질 때까지 이 성에 머물라"눅 24:49라고 말씀하셨고, "예루살렘을 떠나지 말고 내게서 들은 바 아버지께서 약속하신 것을 기다리라 요한은 물로 세례를 베풀었으나 너희는 몇 날이 못 되어 성령으로 세례를 받으리라"행 1:4-5라고 약속하셨습니다.

예수님의 명령을 받은 초대교회 성도들은 개별적으로 따로따로 기도하지 않습니다. 여럿이 함께 모여서 합심기도를 했습니다.

베드로, 요한, 야고보, 안드레와 빌립, 도마와 바돌로매, 마태와 및 알패오의 아들 야고보, 셀롯인 시몬, 야고보의 아들 유다가 다 거기 있어 여자들과 예수의 어머니 마리아와 예수의 아우들과 더불어 마음을 같이하여 오로지 기도에 힘쓰더라 _행 1:13-14

합심 기도를 하루 이틀만 하지 않습니다. 10일 동안 이어집니다. 오순절에도 그들은 한 곳에 다 함께 모여 기도합니다행 2:1. 그때 "홀연히 하늘로부터 급하고 강한 바람 같은 소리가 있어 그들이 앉은 온 집에 가득하며 마치 불의 혀처럼 갈라지는 것들이 그들에게 보여 각 사람 위에 하나씩 임하여 있더니 그들이 다 성령의 충만함을 받고 성령이 말하게 하심을 따라 다른 언어들로 말하기를 시작"행 2:2-4 합니다.

사도행전 4장에 보면, 복음을 전하던 사도들이 제사장들과 성전 맡은 자와 사두개인들에 의해 감옥에 갇힙니다 행 4:1-3. 다음 날 사도들은 권세자들 앞에서 심문을 받습니다 행 4:5-7. 그때 베드로는 권세자들 앞에 서서 "이 예수는 너희 건축자들의 버린 돌로서 집 모퉁이의 머릿돌이 되었느니라 다른 이로써는 구원을 받을 수 없나니 천하 사람 중에 구원을 받을 만한 다른 이름을 우리에게 주신 일이 없음이라" 행 4:11-12 라고 담대하게 선언합니다.

사도들을 해하고 싶지만 명분이 없었던 권세자들은 사도들에게 다시는 복음을 전하지 말라고 엄포를 놓습니다 행 4:13-18. 그럼에도 불구하고 베드로와 요한은 다시 담대하게 "하나님 앞에서 너희의 말을 듣는 것이 하나님의 말씀을 듣는 것보다 옳은가 판단하라 우리는 보고 들은 것을 말하지 아니할 수 없다" 행 4:19-20 라고 선언합니다. 처벌하고 싶었지만 방법이 없었던 권세자들은 다시 사도들을 위협하고 풀어줍니다 행 4:21.

사도들의 보고를 통해 상황 설명을 들은 성도들은 다시 합심하여 기도하기 시작합니다. "주여 이제도 그들의 위협함을 굽어보시옵고 또 종들로 하여금 담대히 하나님의 말씀을 전하게 하여 주시오며 손을 내밀어 병을 낫게 하시옵고 표적과 기사가 거룩한 종 예수의 이름으로 이루어지게 하옵소서" 행 4:29-30 라고 합심해서 기도할 때, 모인 곳이 진동하더니 무리가 다 성령이 충만하게 되었고 담대히 하나님의 말씀을 전하게 됩니다 행 4:31.

한 가지만 더 살펴봅시다. 헤롯 왕이 사도 야고보를 죽인 후에 사도 베드로를 잡아들였습니다 행 12:1-4. 정말 엄혹하고 두려운 상황입니다. 이때에도 사람들은 합심하여 베드로를 위해 기도합니다 행 12:5. 이 합심기도에, 하나님이 응답하십니다. 헤롯이 잡아들인 그 전날 밤에 천사를 보내셔서 베드로를 감옥에서 빼내십니다 행 12:6-8. 베드로는 천사를 따라 감옥을 나가면서도 자기에게 벌어진 일이 실제인 줄 모릅니다. 자기가 환상을 보는 줄로 착각합니다 행 12:9. 첫 번째와 두 번째 경비병을 지나 시내로 통한 쇠문에 이르자 문이 저절로 열렸습니다. 이렇게 감옥을 나와서 얼마쯤 가다가 천사가 떠난 후에야 베드로가 정신을 차립니다. 그제서야 자기가 환상을 보는 것이 아니라 실제로 벌어진 사건임을 알게 됩니다 행 12:10-11.

베드로는 요한의 어머니 마리아의 집으로 갔습니다. 베드로가 도착해서 보니 그때까지도 그곳에 여러 사람들이 모여 합심 기도를 하고 있었습니다 행 12:12. 초대교회는 무슨 일만 있으면 다 같이 모여 합심 기도를 했고, 이 때문에 큰 능력을 경험했다는 사실을 분명하게 확인할 수 있는 대목입니다. 오늘날 한국 교회가 합심 기도를 열심히 한다면 하나님의 살아계심을 경험할 놀라운 일들이 정말 많이 일어날 것입니다.

국민일보 겨자씨에서 읽었던 감동적인 내용을 아래에 인용합니다. 합심 기도가 얼마나 힘이 있는지를 잘 보여주는 내용입니다.

"제2차 세계대전 때 독일군의 공세로 35만 명의 영국군이 됭케르크 반도에 포위돼 바람 앞의 등불처럼 위태로웠다. 그때 영국 국왕 조지 6세는 위기에 처한 영국군을 구원하기 위해 '기도의 날'을 선포했다. 각료들과 전 공무원, 그리고 회사원들은 각각 그들의 집무실에서, 농부와 공원들은 일터에서 하나님께 간절히 기도했다.

영국군이 살 수 있는 유일한 길은 도버해협을 건너는 것이었다. 그런데 독일군의 총공격개시 전날 밤에 독일군 주둔지에 강한 바람과 함께 폭우가 쏟아지기 시작했다. 독일군 탱크는 움직일 수 없었고 폭격기도 뜰 수 없었다. 그러나 됭케르크 반도와 도버해협 상공에는 별들이 반짝였다.

그날 밤 영국은 군함을 이용해 영국군 35만 명을 모두 도버해협 건너편으로 탈출시켰다. 합심기도에 대한 하나님의 응답이 대자연을 통해 나타난 것이다. 예수님은 간혹 '바람아 그치라 파도야 잔잔하라'라고 명령하신다. 기도응답은 자연을 통해서도 나타난다."

다음에 인용하는 글은 2015년 11월 27일 조선일보 기사의 일부입니다.

"독일 통일 과정에서 빼놓지 않고 거론되는 것이 라이프치히 니콜라이 교회의 '월요 평화기도회'다. '통독의 도화선'이라 평가된다.

> 1980년대 초부터 매주 월요일 이 교회에서 열린 평화기도회는 결국 동독 주민들의 민주주의와 자유에 대한 열망을 일깨웠다."

교회에서 열린 평화 기도회가 세계적으로, 역사적으로 큰 반향을 일으킨 통독의 도화선으로 평가된다는 기사가 교계 신문이 아닌 일간지에서 등장하다니 감동이 됩니다.

평화기도회는 크리스티안 퓌러$_{1943~2014}$ 목사를 중심으로 시작된 기도회입니다. 처음부터 큰 규모로 기도회가 열린 것은 아닙니다. 한때 참석자 6명만으로 기도회를 연 적도 있었습니다. 그러나 예수님이 "두 사람이 땅에서 합심하여 무엇이든지 구하면 하늘에 계신 내 아버지께서 그들을 위하여 이루게 하신다"고 하셨으니 그것은 분명히 능력 있는 기도였습니다.

기도회는 한두 번 하고 마는 것이 아니었습니다. 한두 달도 아니었습니다. 하나님이 역사하실 때까지 합심하여 기도하는 것이니 매주 기도회가 이어졌습니다. 날이 맑으나 비가 오나 사람들은 매주 월요일 밤 라이프치히의 니콜라이 교회에 모여 기도하였고 조금씩 함께 기도하려는 사람들이 모여들었습니다.

하나님의 때가 되었을 때 기도회 참석자가 폭발적으로 늘어나기 시작합니다. 1989년 9월 4일에 1천 5백 명이 모여 함께 기도했습니다. 9월 25일에는 5천 명이 모여 함께 기도했습니다. 일반 시민들과 시민단체들이 참여하게 되면서 모이는 인원은 더 늘었습니다. 10월 2일에 1만 명, 10월 9일에 7만 명, 10월 16일에 12만 명, 10월 23일에 25만 명, 10월 30일에 30만 명이 되었습니다.

크리스티안 퓌러 목사가 성경 말씀, 찬송, 기도가 사라진 정치적인 시위로 변질되지 않도록 막았습니다. "교회가 선동과 다툼의 장으로 예수의 발자취를 떠나고, 우리와 지역사회가 그리고 국가가 교회에 대한 신뢰를 잃어버릴지도 모르기 때문"이었습니다. 그 덕분에 기도회는 정치적인 시위가 아닌 합심하여 기도하는 평화기도회로 지속될 수 있었습니다. 그리고 합심 기도의 위력 앞에 동독과 서독을 가로 막은 베를린 장벽이 무너졌습니다. 마침내 두 개의 독일은 하나의 독일이 될 수 있었습니다.

니콜라이 교회의 합심 기도는 한국에도 영향을 미쳤습니다. 에스더 기도운동본부, 서울기독청년 연합회, 북한정의 연대 등을 중심으로 서울역광장을 포함한 수십 군데서 합심기도를 시작했습니다. 추우나 더우나 변함없이 합심 기도를 이어가고 있습니다. 이 합심 기도가 대한민국의 복이 아닐 수 없습니다. 하나님께서 그 기도를 통해 대한민국을 지키시고 북한 땅을 구원하실 것이기 때문입니다.

국가적인 일 뿐만 아니라 개인적인 일이나 가정적인 일에도 부부간에, 혹은 부모와 자녀 간에 마음을 모아 합심하여 기도한다면 놀라운 역사들을 경험하게 될 것입니다. 저와 제 어머니에게 있어 아버지의 변화가 간절한 소망이었다면 다른 이들은 나름대로의 기도 제목이 있을 것인데 합심하여 기도할 때 하나님께서 일하심을 보고 간증하게 될 것입니다. 만약 가족 가운데 합심하여 기도할 사람이 없다면 성도들 가운데서 기도 동역자를 세우면 될 것입니다.

16

예수 이름으로
기도하라

지금까지는 너희가 내 이름으로 아무 것도 구하지 아니하였으나 구하라
그리하면 받으리니 너희 기쁨이 충만하리라

요 16:24

미국에 어떤 판사가 있었습니다. 그 판사는 지적 재능이 매우 뛰어났습니다. 신앙을 무시하고 조롱했습니다. 그 판사의 부인은 반대로 믿음의 여인이었습니다. 남편의 구원을 위해 기도했습니다. 어느 날 부인이 무디 목사를 찾아가 자기 남편을 예수 믿게 해달라고 간청했습니다. 무디 목사는 잠시 주저했습니다. 그 판사가 얼마나 강퍅한 사람인지 잘 알고 있었기 때문입니다. 더구나 무디 목사는 학교를 다닌 적이 거의 없었는데 반해, 그 판사는 똑똑하고 아는 것이 많기로 소문난 사람이었습니다. 무디는 그 판사가 자기를 무시하는 태도로 대할 것이 틀림없다는 생각이 들었습니다. 그러나 무디 목사는 부인의 간청대로 그 판사를 만나기로 했습니다. 그 판사를 만난 무디는 복음을 증거 했습니

16_ 예수 이름으로 기도하라

다. 이야기를 다 나눈 후 무디 목사는 판사에게 한 가지를 부탁했습니다.

"만일 귀하께서 예수님을 믿으시게 된다면 나에게 알려 주기로 약속하시겠습니까?"
"오. 그러죠. 만일 내가 개종한다면 신속히 알려 드리도록 하겠소."

그 판사는 냉소 띤 얼굴로 말했습니다. 그러나 판사는 마음속으로는 그런 일이 결코 없을 것이라고 장담했습니다.
무디 목사는 그 판사를 위해 기도하기 시작했습니다. 무디 목사는 하나님께서 판사의 마음을 열어주시고, 예수님을 구주로 영접하여 구원받아 하나님의 백성이 되게 해달라고 기도했습니다. 무디 목사와 판사의 부인이 판사에 구원을 위한 기도에 하나님이 응답하셨습니다. 판사는 결국 개종했습니다. 기도하기 시작한 지 일 년이 채 안 되었을 때였습니다. 판사는 약속을 지켜 무디 목사에게 자신이 개종하게 된 경위를 말했습니다.

"어느 날 밤 아내가 기도회에 나갔을 때 나는 매우 불안하고 슬퍼지기 시작했습니다. 나는 보통 아내가 집에 돌아오기 전에 잠자리에 듭니다. 그런데 그 날은 밤새도록 잠들지 못했습니다. 이튿날 아침 일찍 일어나 아침을 먹을 수가 없다고 아내에게 말하고 사무실로 갔습니다. 직원들에게 휴무해도 좋다고 알리고는 나의 개인 방으로 돌아가 외부와 차단하고 들어앉았습니다. 그러나 자신은 점점 더 비참해졌습니다. 마침내 무릎을 꿇고 자포자기 상태에서 '오 하나님. 예수 그리스도의 이름으로 내 죄를 사해 주옵소서'라고 외쳤습니다. 그때 나는 즉시 평화를 찾았습니다."

그 판사가 예수 그리스도의 이름을 찾기 전에는 하나님의 보좌 앞으로 나아갈 수 없었습니다. 아무리 공부를 많이 하고 지위가 있고 잘 났어도 그런 것들은 사람들 앞에는 서도록 만들어 줄 수는 있었을지 몰라도 하나님 앞에 설 수 있도록 해주지 못합니다. 오직 예수 이름을 붙잡는 사람만이 구원받고 하나님 앞에 나아갈 수 있습니다. 그래서 사도 베드로는 "다른 이로써는 구원을 받을 수 없나니 천하 사람 중에 구원을 받을 만한 다른 이름을 우리에게 주신 일이 없음이라"행 4:12라고 했습니다.

***

예수 이름은 구원의 역사만이 아니라 놀라운 능력을 경험하게도 합니다. 인도의 선교사로 유명한 스탠리 존스 선교사는 69살에 중풍에 걸려 쓰러졌습니다. 치료받기 위해 병원에 입원하자 모든 의사가 한결같이 "나이가 고령이고 뇌혈관이 터졌기 때문에 다시 일어나지 못합니다."라고 말했습니다.

그런데 스탠리 존스 선교사는 하나님의 전능하심과 믿음의 힘을 믿었습니다. 선교사는 병실에 들어오는 간호사나 의사들에게, "안녕하십니까? 따위의 말을 하지 말라. 반드시 나를 보면 제일 먼저 '스탠리 존스는 예수 이름으로 일어나라!'라고 말하라."라고 부탁했습니다. 사실, 스탠리 존스는 의사나 간호사들 입장에서는 괴팍한 환자였을 것입니다. 허무맹랑한 주문을 하니 귀찮기도 했을 것입니다. 하지만 스탠리 존스 선교사가 하도 완강하게 요청을 하니 의사나 간호사들이 어쩔 수가 없었습니다. 의사와 간호사들은 스텐리 존스 선교사가 시키는 대로 만날 때마다 "스텐리 존스는 예수 이름으로 일어나라"고 말했습니다. 그 덕분에 스탠리 선교사는 입원해 있는 동안, "스텐리 존스는 예수 이름으로 일어나라"라고 선포하는 소리를 매일 셀 수 없이 많이 들을 수 있었습니다.

예수 이름으로 일어나라는 선포가 반복되면서 능력의 이름, 예수의 이름이 역사를 일으켰습니다. 스탠리 존스 선교사의 상태가 너무 안 좋아서 도저히 고칠 수 없다던 그 병에서 깨끗하게 고침을 받았습니다. 69세의 늙은 선교사가 병 고침을 받은 뒤 다시 인도로 돌아갔습니다. 그 후로도 20년 동안 선교사로 사역했습니다.

사도행전 3장에 보면 베드로와 요한이 기도하러 성전에 올라가다가 성전 미문에 앉아 구걸하는 사람을 만납니다. 태어날 때부터 걷지 못한 사람이었습니다 2절. 장애인이 할 수 있는 일이 없었던 시대였습니다. 생계를 유지하기 위해 할 수 있는 일은 구걸밖에 없었던 사람이었습니다. 베드로와 요한이 성전에 올라가다가 그를 주목하고 "우리를 보라"행 3:4라고 말했습니다. 그러자 그 걸인은 뭔가 얻을까 생각하고 두 사람을 바라봅니다5절. 그때 베드로가 "은과 금은 내게 없거니와 내게 있는 이것을 네게 주노니 나사렛 예수 그리스도의 이름으로 일어나 걸으라"6절라고 선언합니다. 구걸하는 자에게 줄 동전 하나도 가지고 있지 못할 만큼 베드로와 요한의 주머니 사정이 열악했습니다. 하지만 사도들은 돈 따위와는 비교할 수 없는 엄청난 것을 가지고 있었습니다. 바로 예수의 이름입니다. 바로 그 이름을 활용했습니다.

베드로가 예수의 이름을 외치자 즉시 놀라운 역사가 일어납니다. 날 때부터 걷지 못하던 사람의 발과 발목에 힘이 생겼습니다. 일어 설 수 있게 되고 뛸 수 있게 되었습니다. 이리저리 왔다 갔다 해보다가 성전에 들어가 걷기도 하고 뛰기도 하며 하나님을 찬송하기 시작했습니다7-8절. 모든 백성이 그 걸인이 걷는 것과 하나님을 찬송함을 보았을 때 그 걸인이 본래는 성전 미문에 앉아 구걸하던 바로 그 걸인인 줄 알아보았습니다. 그래서 그 걸인에게 일어난 일 때문에 심히 놀랍게 여기며 놀랬습니다9-10.

예전에 비하면 오늘 날에는 멋진 교회건물이 많습니다. 성도들의 교육수준도 무척 높아졌습니다. 경제력이 좋은 사람들도 많습니다. 사회적인 지위와 배경에 있어서도 성도들의 수준이 세상 사람들에 비해 결코 떨어지지 않습니다. 장관이나 군 장성, 국회의원이나 고위직 인사들의 상당수가 기독교인입니다. 이처럼 예전에 비해 모든 것이 나아졌는데 정작 교회는 무기력해졌습니다. 교회가 왜 무기력해졌을까요? 영적 능력을 잃었기 때문입니다. 예수 이름의 권세를 제대로 활용하지 못하기 때문입니다. 초대교회는 위협을 받은 상황에서도 기도합니다. 그 기도의 내용이 사도행전 4장에 나옵니다.

> 주여 이제도 그들의 위협함을 굽어보시옵고 또 종들로 하여금 담대히 하나님의 말씀을 전하게 하여 주시오며 손을 내밀어 병을 낫게 하시옵고 표적과 기사가 거룩한 종 예수의 이름으로 이루어지게 하옵소서 하더라 빌기를 다하매 모인 곳이 진동하더니 무리가 다 성령이 충만하여 담대히 하나님의 말씀을 전하니라 _행 4:29-31

핍박에 직면해서 하는 기도임에도 불구하고 현실의 고난을 회피하게 해달라는 내용이 없습니다. 사는 게 너무 힘들다고 투덜대거나 하소연하는 내용도 없습니다. 오히려 박해의 상황 속에서도 말씀을 전하게 해달라고 기도합니다. 병을 낫게 하시고 표적과 기사가 일어나게 해달라고 적극적으로 기도합니다. 무엇보다 중요한 것은, 표적과 기사가 바로 예수의 이름으로 이루어지게 해달라고 기도한다는 점입니다. 예수 이름의 능력이 얼마나 위대한 것인지를 초대교회는 명확하게 인식하고 있었습니다.

다윗은 삼위일체 하나님의 이름이 얼마나 놀라운 이름인지를 잘 알고 있었습니다. 그는 아버지 이새의 심부름으로 전쟁터로 향합니다. 사울 왕을 따라 전쟁터에 나가 있는 세 형의 안부를 알기 위해서입니다.삼상 17:17-20. 전쟁터에 도착했을 때 다윗은 골리앗이 이스라엘 백성들을 모욕하는 소리를 듣습니다23절. 골리앗의 큰 소리에 이스라엘 백성들은 두려워하여 도망을 갑니다24절. 골리앗이 워낙 무시무시한 장수였기 때문에 나름대로 이해가 가기는 합니다. 키가 큰 골리앗이 입은 갑옷의 무게가 놋 오천 세겔이고 어깨 사이에는 놋 단창을 메었는데 그 창 자루는 베틀 채 같고 창 날은 철 육백 세겔이나 되니 도저히 싸울 엄두가 나지 않았던 것입니다5-7절.

이스라엘 군대가 다 겁을 먹고 도망가는 상황에서 다윗은 분노합니다. "이 할례 받지 않은 블레셋 사람이 누구이기에 살아 계시는 하나님의 군대를 모욕하겠느냐"26절라고 외칩니다. 하나님의 백성들이 조롱을 당하고 무시를 당하는 것은 하나님이 그처럼 조롱과 무시를 당하는 셈이니 다윗은 도저히 묵과할 수 없었던 것입니다.

다윗의 용기 있는 말을 전해들은 사울 왕이 다윗을 부릅니다31절. 다윗은 사울 왕 앞에서 담대하게 "그로 말미암아 사람이 낙담하지 말 것이라 주의 종이 가서 저 블레셋 사람과 싸우리이다"32절라고 말합니다. 그러나 다윗의 체격 조건을 본 사울 왕은 기대를 접고는 오히려 다윗을 "네가 가서 저 블레셋 사람과 싸울 수 없으리니 너는 소년이요 그는 어려서부터 용사임이니라"~33절~라는 말로 만류합니다. 그러나 다윗은 사울 왕의 말에 전혀 개의치 않고 믿음의 말을 합니다.

> 주의 종이 아버지의 양을 지킬 때에 사자나 곰이 와서 양 떼에서 새끼를 물어 가면 내가 따라가서 그것을 치고 그 입에서 새끼를 건져내었고 그것이 일어나 나를 해하고자 하면 내가 그 수염을 잡고 그것을 쳐죽였나이다 주의 종이 사자와 곰도 쳤은즉 살아 계시는 하나님의 군대를 모욕한 이 할례 받지 않은 블레셋 사람이리이까 그가 그 짐승의 하나와 같이 되리이다……여호와께서 나를 사자의 발톱과 곰의 발톱에서 건져내셨은즉 나를 이 블레셋 사람의 손에서도 건져내시리이다 _삼상 17:34-37

사울 왕은 다윗의 고집을 꺾지 못하고, 다윗의 참전을 허락합니다. 다윗은 손에 막대기를 가지고 시냇가로 내려갑니다. 매끄러운 돌 다섯을 골라서 목동의 제구 곧 주머니에 넣은 다음에, 물매를 들고 블레셋 사람에게로 나아갑니다~40절~. 골리앗은 자기에 비해 한없이 연약해 보이는 다윗이 나오는 모습을 보고 업신여깁니다~42절~. "내게로 오라 내가 네 살을 공중의 새들과 들짐승들에게 주리라"~44절~라는 저주의 말로 위협합니다. 그때 다윗은 믿음의 말로 응수합니다.

> 너는 칼과 창과 단창으로 내게 나아 오거니와 나는 만군의 여호와의 이름 곧 네가 모욕하는 이스라엘 군대의 하나님의 이름으로 네게 나아가노라 오늘 여호와께서 너를 내 손에 넘기시리니 내가 너를 쳐서 네 목을 베고 블레셋 군대의 시체를 오늘 공중의 새와 땅의 들짐승에게 주어 온 땅으로 이스라엘에 하나님이 계신 줄 알게 하겠고 또 여호와의 구원하심이 칼과 창에 있지 아니함을 이 무리에게 알게 하리라 전쟁은 여호와께 속한 것인즉 그가 너희를 우리 손에 넘기시리라 _삼상 17:45-47

여기에서 우리는 이해할 수 없는 표현에 주목해야 합니다. 원래 상황에 알맞은 표현은 "너는 칼과 창과 단창으로 내게 나아오지만 나는 물매를 들고 네게로 나아간다."입니다. 상대방의 무기를 언급했으니 다윗도 자신의 무기를 언급하는 것이 맞습니다. 그러나 다윗은 물매를 손에 들었지만 물매를 가지고 골리앗에게로 나아간다고 말하지 않습니다. 하나님의 이름으로 나아간다고 말합니다. 다윗은 하나님의 이름이 진짜 능력이라는 것을 알고 있었습니다. 다윗에게 있어서, 하나님의 이름은 단순한 호칭이거나 형식적으로 부르는 이름이 아니었습니다. 능력 그 자체였습니다. 다윗이 하나님의 이름을 의지하여 날린 돌이 골리앗의 이마에 박힙니다.49절. 그것은 물매를 돌리고 던지는 솜씨만으로 될 일이 아니었습니다. 소년의 힘과 솜씨로는, 갑옷과 투구로 완전 무장한 노련한 거인장수의 이마를 단박에 맞추기도 정말 어려운 일이지만 그 이마를 깨뜨리고 튕겨 나오지 않고 이마에 단단히 박히도록 만든다는 것은 더 불가능하기 때문입니다. 멀리에서 물매로 던진 돌맹이가 투구를 맞추고 튕겨나가지 않고 빗맞지도 않고 투구 밑의 이마에 정확하게 박혀 장군이 죽는다는 것은 중국의 환상적인 무협지에서나 나올 이야기입니다.

자신들이 소유하고 있는 예수님의 이름이 얼마나 엄청난 것인지를 깨닫지 못한 채 신앙생활을 하는 신자들이 의외로 많습니다. 자신의 행위와 공로를 의지하여 하나님께 기도하는 신자들도 의외로 많습니다. 아무리 자신의 삶이 자기가 보기에 선하고 고귀해 보이더라도 인간의 삶은 하나님 앞에서는 정말 아무 것도 아니라는 사실을 깨닫지 못할 정도로 영적으로 둔감한 것입니다. 이런 영적 무지 때문에, 예수 이름을 전적으로 의지하지 않습니다. 자신의 공로를 내세우며 하나님 앞으로 나아갑니다. 이런 사람들은 삶에 문제를 겪고 허점이 생기면 하나님 앞에 기도할 동력을 잃어버립니다. 자신의 이런 모습으로 어떻게 하나님께 나아가 기도할 수 있겠냐고 말합니다. 겸손한 것처럼 보이지만 대단히 교만한 태도입니다. 하나님께 나아갈 수 있게 된 뒤에 하나님께 나아가겠다는 태도이기 때문입니다. 우리를 하나님 앞에 설 수 있도록 만들어주고 기도 응답을 받게 만들어주는 것은 오직 예수 이름뿐입니다. 그 이름을 제쳐놓고 자기 스스로 갖추겠다고 말하며 자기 행위를 의지하겠다니 얼마나 교만한 태도입니까?

토레이 R. A. Torrey 가 호주에서 집회를 인도할 때 강단에 쪽지가 하나 올라왔습니다. 그 쪽지에는 다음과 같은 내용이 있었습니다.

"저게 기도 제목이 하나 있습니다. 오랫동안 기도했는데도 응답이 없습니다. 저는 3대째 신앙을 이어가고 있으며 25년 동안 교회학교 교사로 봉사했고, 20년 동안 장로로 충성을 다했습니다. 그런데 왜 하나님은 내 기도를 들어주시지 않습니까?"

하나님의 말씀을 늘 공부하고 묵상하고 가르쳐 왔던 토레이는 그 쪽지를 올린 사람의 문제가 무엇인지 금방 파악할 수 있었습니다. 토레이는 다음과 대답했습니다.

"당신이 그렇게 살았기 때문에 기도 응답을 받지 못하는 것입니다. 당신은 지금 예수의 이름으로 기도하는 것이 아니고 당신의 이름으로 기도하고 있습니다. 자기 공로를 내세워 기도하고 있습니다. 공로의식을 버리기 전까지 기도는 절대로 응답되지 않을 것입니다."

예수님은 분명하게 "지금까지는 너희가 내 이름으로 아무 것도 구하지 아니하였으나 구하라 그리하면 받으리니 너희 기쁨이 충만하리라"요 16:24 라고 선언하셨습니다. 기도는 예수 이름으로 해야 한다고 가르치셨습니다. 예수 이름으로 기도하면 응답을 받고 응답을 받으면 기쁨이 충만할 것이라고 말씀하십니다.

'내가 성경을 몇 번 읽었고, 예배를 얼마나 열심히 드리고, 봉사를 얼마나 많이 하며, 헌금 생활도 얼마나 최선을 다하는데 왜 하나님이 기도 응답을 안 하실까!' 하고 생각하는 사람들이 있다면 회개해야 합니다. 어설픈 공로의식에 매여 하나님께 아무 짝에도 가치 없는 것들을 의지하는 것이기 때문입니다. 자기 자신이 하나님께 용납되고 기도를 드릴 수 있는 것은 오직 예수님의 이름 때문임을 깊이 깨닫고 고백해야 합니다.

오물을 손에 잔뜩 쥐고는 그 오물이 마치 향내 나는 향수라도 되는 듯이 하나님께 흠향해 달라고 큰소리치는 사람들 때문에 주님이 탄식하십니다. 나는 아무 공로 없고 흠과 죄뿐이지만 나를 사랑하사 나를 위해 십자가에서 대신 죽으신 예수님의 이름을 의지하여 하나님 앞에 나아갈 때 비로소 하나님께 합당한 향기가 날 것입니다. 비로소 기도 응답이 주어질 것입니다.

17

먼저 하나님의 나라를
구하라

그런즉 너희는 먼저 그의 나라와 그의 의를 구하라
그리하면 이 모든 것을 너희에게 더하시리라

마 6:33

교회 건축을 잘 마치고 목회와 집회 사역 등에 집중하고 있을 때의 일입니다. 시력이 급속도로 나빠지기 시작했습니다. 설교하는데 성도들이 제대로 보이지 않았습니다. 책을 읽을 때도 활자가 눈에 들어오지 않았습니다. 운전할 때는 희한한 현상이 생겼습니다. 앞에 가는 자동차의 번호판에 있는 4개의 숫자 중에서 가운데 있는 2개의 숫자가 사라지고 양쪽 끝의 숫자 2개가 바짝 붙어서 보였습니다.

안경 렌즈의 도수가 맞지 않아서 그런가보다 생각하고 안경원에 가려고 했지만 아내가 안과에 가서 눈 검사를 받자고 해서 아내 말대로 강남성심병원에 갔습니다. 안과 의사가 제 눈을 검사한 사진들을 보더니 눈에 아무 이상이 없다고 말했습니다. 그리고는 눈에 이상이 없는데 안 보이기 시작할 때는 뇌를 검사해야 한다고 말했습니다.

가장 큰 병원 중 하나인 아산병원에 가서 뇌 MRI 사진을 찍었습니다. 누운 채 통 속에 머리를 집어넣고 30분 정도 있어야 했는데 얼마나 소리가 큰지 정신이 하나도 없었습니다. 사진을 본 의사는 충격적인 진단을 내렸습니다. 뇌종양이라는 것입니다. 예전에 제가 아는 형 하나가 뇌종양으로 시력을 잃었고 그 후 소식이 끊겼습니다. 그런데 그 병이 제게 생긴 것입니다.

뇌종양의 크기가 1cm만 되도 '거대' 종양이라고 합니다. 사람의 몸에는 '혹'이 잘 생길 수 있습니다. 몸에 생긴 1cm짜리 혹은 작은 크기입니다. 하지만 중요한 신경이 가득한 뇌에 생긴 1cm짜리 종양은 거대한 크기라고 생각하는 모양입니다. 아무튼 1cm에서 2.5cm의 크기가 거대종양입니다. 그런데 제 머릿속에 있는 것은 4cm가 넘었습니다. 그래서 '자이언트'라고 분류되었습니다. 담당의사는 수술 전날에만 세 차례에 걸쳐 위험하다고 말했습니다.

수술 날짜를 잡아놓은 뒤에, 문제가 하나 더 발생했습니다. 얼마 전부터 아프던 목이 주일 아침에 급속도로 악화되었습니다. 얼마나 통증이 심한지 목을 돌리거나 끄덕이는 것조차 불가능했습니다. 서도 아프고 앉아도 아프고 누워도 아파서 몸을 어떻게 할 방법이 없었습니다. 급하게 부목사에게 연락을 해서 1,

2부 예배설교를 맡겼습니다. 저는 소파에 엉거주춤하게 앉아 꼼짝을 못했습니다. 예배 후에 장로님들이 깜짝 놀라서 집으로 몰려왔습니다. 병원에 가서 엑스레이 사진을 찍었습니다. 목 디스크라는 진단이 나왔습니다. 뇌종양과 목 디스크가 한꺼번에 발병했습니다.

참 감사하게도, 이런 상황에 처해서도 저는 전혀 위축되지 않았습니다. 물리치료를 받고 어느 정도 몸을 움직일 수 있게 되었을 때 저는 다시 기도에 전력을 다했습니다. 고쳐달라는 기도가 아니었습니다. 살려 달라는 기도도 아니었습니다. 늘 제 마음을 가득 채우고 있는 한국 교회를 위해 기도했습니다. 한국 교회를 살려달라고, 다시 한국 교회에 기도의 불이 붙게 해달라고 기도했습니다.

한국 교회는 예전에 비해 좋은 건물들을 많이 세웠습니다. 학력 수준도 매우 높아졌습니다. 사회적인 지위와 배경도 막강해졌습니다. 국회의원, 장·차관, 군 장성 가운데 기독교인들이 참 많아졌습니다. 그런데 교회는 세상에서 힘을 못 쓰고 있습니다. 영향력을 잃어가고 있습니다. 외적 조건들이 좋아졌습니다. 하지만 영적으로 무기력해졌고 교회가 약해졌습니다. 제 소원은 한국 교회에 성령의 불이 다시 타오르는 것입니다.

하나님께서 제 자신의 치유를 위해서가 아니라 한국 교회의 회복을 위해서 전력으로 기도하는 제게 놀라운 일을 행하셨습니다. 지금 생각해봐도 몸에 전율이 일만큼 엄청난 역사들을 경험하게 해주셨습니다.

첫째로, 제가 제 몸의 치료를 위해 기도하지 않으니 하나님께서 저를 위해 기도할 사람들을 일으켜주셨습니다. 온누리교회 마리아 행전에서 강의했었는데 그분들이 제 소식을 듣고 기도해주었습니다. 저를 취재하러 온 국민일보 백상현 기자가 저의 뇌종양 소식을 듣더니 사랑의 교회 중보기도 팀에 연락을 했습니다. 제가 강의를 가던 제주 열방대학의 예배 영적전쟁 중보기도 학교에서 기도해주었습니다. 장로교 목사 32분이 작정기도를 들어가셨습니다.

둘째로, 1월에 수술을 하고 그다음 달인 2월에 책을 냈습니다. 있을 수 없는 일입니다. 책을 낸 후 오류교회 김은호 목사님에게 전화하려고 했습니다. 그 교회에서 설교도 했었고, 손인식 목사님과 김은호 목사님을 연결해 드린 적도 있었고, 제가 하는 일을 인정하시고 격려도 해주셨기 때문에 제 책을 소개해 달라고 부탁드릴까 생각했지만 연락을 하지 않았습니다. 감사하게도, 여의도순복음 교회 이영훈 목사님이 대예배 시간에 제 책을 한참 소개하셨습니다. 책을 다 읽을 때까지 손에서 놓을 수 없었다는 말씀도 하셨습니다.

셋째로, 수술을 마치고 얼마간 시간이 지난 뒤에 국민일보에서 한국 교회 차세대 지도자 23명의 명단을 발표했습니다. 그 명단에 제가 끼었습니다. 영광스럽게도 저는 그 중 최연소자였습니다. 미국에서는 강준민 목사님이 들어갔습니다. 한국에서는 분당 우리교회 이찬수 목사님, 선한목자교회 유기성 목사님, 대전 중문교회 장경동 목사님, 새로남 교회 오정호 목사님 등이 들어가 있습니다. 모두 차세대 지도자로 조금도 손색이 없으신 분들입니다. 그런데 그런 영광스러운 자리에 제가 최연소자로 함께 하다니 사실, 지금도 납득이 가지 않습니다.

넷째로, 마음껏 사역할 수 있도록 하나님께서 제 몸을 회복시켜 주셨습니다. 1월에 수술하고 2월에 일본에 갔습니다. 5월에 필리핀에 갔습니다. 안동 부산 대전 등 전국을 다니며 말씀을 전했습니다. 시신경은 한번 망가지면 의학적으로 복구가 안 된다고 전문가에게 들었습니다. 그런데 하나님은 제 시력도 돌아오게 해주셨습니다. 그래서 도수 없는 안경을 끼고 설교합니다. 안경을 낀 얼굴이 벗은 얼굴보다 잘 생겼다고 해서 설교할 때만 안경을 끼는 것입니다. 목 디스크는 그냥 사라져버렸습니다.

이런 일련의 과정을 겪으면서 더 깊이 깨닫게 된 것이 있습니다. 하나님이 기뻐하시는 기도를 하면 나머지 문제는 덤으로 같이 해결된다는 것입니다. 그러므로 지금 당장 시급하고 꼭 필요한 것들을 놓고 기도해야 하겠지만 무엇보다도 하나님의 마음에 합하는 기도를 우선하겠다고 결단해야 합니다.

17_ 먼저 하나님의 나라를 구하라

***

　구약에서 하나님께서 기뻐하시는 것을 구했다가 나머지 것들도 덤으로 받은 사람을 꼽으라면 솔로몬이 있습니다. 솔로몬은 왕이 된 후 하나님께 일천 번제를 드립니다 _왕상 3:4_. 그러자 하나님이 솔로몬에게 꿈에 나타나셔서 "내가 네게 무엇을 줄꼬"라고 물으십니다. 무엇이든 다 주겠다는 뜻으로 "너는 구하라"라고 말씀하십니다 _왕상 3:5_. 솔로몬은 엄청난 기회를 잡은 것입니다. 전능의 하나님이 주신다면서 구하라고 하시니 이제 구하기만 하면 다 이뤄지는 것입니다. 속된 말로, 대박이 왕창 터진 것입니다. 그때 솔로몬은 이렇게 대답합니다.

> 나의 하나님 여호와여 주께서 종으로 종의 아버지 다윗을 대신하여 왕이 되게 하셨사오나 종은 작은 아이라 출입할 줄을 알지 못하고 주께서 택하신 백성 가운데 있나이다 그들은 큰 백성이라 수효가 많아서 셀 수도 없고 기록할 수도 없사오니 누가 주의 이 많은 백성을 재판할 수 있사오리이까 듣는 마음을 종에게 주사 주의 백성을 재판하여 선악을 분별하게 하옵소서 _왕상 3:7-9_

　솔로몬의 기도는 하나님의 마음에 합한 것입니다 _왕상 3:10_. 하나님의 마음에 합한 기도를 드린 솔로몬에게 하나님은 놀랍게 응답하십니다. "자기를 위하여 장수하기를 구하지 아니하며 부도 구하지 아니하며 자기 원수의 생명을 멸하기도 구하지 아니하고 오직 송사를 듣고 분별하는 지혜를 구하였으니 내가 네 말대로 하여 네게 지혜롭고 총명한 마음을 주노니 네 앞에도 너와 같은 자가 없었거니와 네 뒤에도 너와 같은 자가 일어남이 없으리라 내가 또 네가 구하지 아니한 부귀와 영광도 네게 주노니 네 평생에 왕들 중에 너와 같은 자가 없을 것이라" 왕상 3:11-13.

왕좌에 앉은 사람들이 구하는 것들은 대동소이합니다. 적대적인 세력을 멸하고 영토를 확장하는 것, 이미 부귀영화를 누리고 있음에도 더 부귀하고자 하는 것, 가지고 있는 모든 것을 더 오랫동안 누릴 수 있도록 장수하는 것 등이 그것입니다. 그런데 솔로몬은 자기에게 유익을 줄 어떤 것도 구하지 않았습니다. 그 모든 것을 버리고 오직 하나님의 마음에 합하는 것만을 구했으니 하나님께서 나머지 것들을 덤으로 주시겠다고 말씀하셨습니다. 이것은 응답받는 기도의 아주 중요한 원리입니다.

예수님은 마태복음 6장에서 놀라운 말씀을 하십니다. "내가 너희에게 이르노니 목숨을 위하여 무엇을 먹을까 무엇을 마실까 몸을 위하여 무엇을 입을까 염려하지 말라 목숨이 음식보다 중하지 아니하며 몸이 의복보다 중하지 아니하냐" 25절. 사람이 땅 위에 발을 디디고 살아가는 이상 의식주는 지극히 중요한 문제입니다. 먹고 사는 문제에 사람들이 얼마나 촉각을 곤두세웁니까? 그런데 주님은 그런 문제 때문에 염려하지 말라하시니 놀랄 수밖에 없습니다.

예수님이 그렇게 말씀하신 이유를 명확하게 제시합니다. 공중의 새를 하나님이 기르시는데 우리가 그 새들보다 귀하기 때문입니다.마6:26. 게다가 염려를 해봐야 아무 소용이 없기 때문입니다.마6:27. 더 나아가서 그렇게 염려하는 것은 믿음이 적은 것이라며 책망하십니다. "오늘 있다가 내일 아궁이에 던져지는 들풀도 하나님이 이렇게 입히시거든 하물며 너희일까보냐 믿음이 작은 자들아"마6:30.

염려하지 말라고 말씀하신 예수님께서는 우리가 먼저 구해야 할 것이 따로 있음을 가르쳐주십니다. 바로 하나님의 나라입니다. 그리고 그 하나님의 나라를 먼저 구할 때 나머지 필요한 것들은 하나님이 덤으로 더해주신다고 말씀하십니다.

> 그런즉 너희는 먼저 그의 나라와 그의 의를 구하라 그리하면 이 모든 것을 너희에게 더하시리라 _마 6:33

사복음서를 보면 예수님의 최고 관심사가 하나님의 나라임을 알 수 있습니다. 예수님의 첫 번째 메시지가 바로 하나님의 나라입니다. "때가 찼고 하나님의 나라가 가까이 왔으니 회개하고 복음을 믿으라"막1:15. 제자들을 보내시면서 하나님의 나라(천국)를 전파하라고 명령하십니다. "가면서 전파하여 말하되 천국이 가까이 왔다 하고"마10:7. 예수님이 하나님의 성령을 힘입어 귀신을 쫓아내는 것이면 하나님의 나라가 이미 사람들에게 임하였다고도 말씀하십니다.마 12:28.

하나님 나라에 대한 예수님의 관심은 가르침에서도 분명하게 드러납니다. 네 종류의 땅에 떨어진 씨의 비유마 4:1-9는 하나님 나라에 대한 비유입니다. 이 비유는 제자들의 질문에 예수님이 답하시는 내용에서 잘 드러납니다.

> 예수께서 홀로 계실 때에 함께 한 사람들이 열두 제자와 더불어 그 비유들에 대하여 물으니 이르시되 하나님 나라의 비밀을 너희에게는 주었으나 외인에게는 모든 것을 비유로 하나니 _막 4:10-11

다른 비유들도 마찬가지입니다. 겨자씨 비유마 13:31-32, 가루 서 말 속에 갖다 넣어 전부 부풀게 한 누룩 비유마 13:33, 밭의 가라지 비유마 13:36-43, 밭에 감추인 보화 비유마 13:44, 좋은 진주를 구하는 장사 비유마 13:45-46, 바다에 치고 각종 물고기를 모는 그물 비유마 13:47-48 등이 다 하나님 나라(천국)에 대한 비유입니다.

하나님 나라에 대한 예수님의 관심은 우리 죄를 대신 지시고 십자가 위에서 죽으시고 3일 만에 부활하신 후에도 변함이 없습니다. 부활 후 승천하시기 전의 그 중요한 순간에 예수님이 제자들과 함께 계실 때 말씀하신 것은 다른 것이 아닌 바로 하나님의 나라였습니다.

> 그가 고난 받으신 후에 또한 그들에게 확실한 많은 증거로 친히 살

17_ 먼저 하나님의 나라를 구하라

아 계심을 나타내사 사십 일 동안 그들에게 보이시며 하나님 나라의 일을 말씀하시니라 _행 1:3

결국 예수님과 하나님 나라는 떼려야 뗄 수 없는 불가분의 관계입니다. 예수님이 우리들에게 정말 중요한 의식주 문제인 줄 뻔히 아시면서도 하나님의 나라를 먼저 구하라고 하신 이유를 충분히 알 수 있습니다. 그래서 예수님은 우리에게 가르쳐주신 기도에서도 하나님의 나라가 임하게 해달라고 기도할 것을 명령하셨습니다 마6:10.

그러고 보면 오늘날 많은 그리스도인들의 기도에 문제가 있습니다. 예수님의 가르침과 반대로 기도합니다. 하나님의 나라를 구하는 기도에는 별로 힘을 기울이지 않습니다. 기도를 하면 거의 모든 기도가 자신과 자신의 가정, 자신의 미래와 성공에만 집중됩니다. 그 때문에 겪는 영적 손실이 얼마나 큰지 모릅니다. 하나님의 나라를 먼저 구할 때 누릴 수 있는 영적 부요함을 경험하지 못하기 때문입니다.

***

다른 무엇보다 하나님의 나라를 먼저 구했던 사람으로 에릭 리들이라는 사람이 있습니다. 에릭 리들은 1902년에, 중국 천진에서 사역하고 있는 선교사의 아들로 태어났습니다. 어렸을 때부터 몸이 무척 약해서 늘 어머니의 걱정거리였습니다. 한번은 심한 열로 앓아누웠습니다. 몇 달이 지나도 차도가 없었습니다. 리들의 어머니는 아들을 위해 날마다 기도했습니다. 결국 병이 다 치료되었습니다.

그런데 문제가 또 있었습니다. 리들을 앓아눕게 만든 병세는 나았는데 리들이 너무나 오랫동안 병상에 누워있었기 때문에 도무지 다리를 쓰지 못할 상태가 된 것입니다. 다리의 상태가 너무 심각했습니다. 그래서 사람들은 에릭 리들이 앞으로 걷지 못할 것이라고 생각했습니다. 그러나 믿음의 기도로 아들의 치유를 경험한 어머니는 기도에 매달렸습니다. 다시 아들의 다리를 매일 주무르면서 기도를 시작했습니다. 그렇게 기도한 지 한 달 만에 리들은 걷기 시작했습니다. 훗날 에릭 리들은 세계에서 가장 빨리 달리는 사람이 되었습니다. 하나님의 기적입니다.

에릭 리들은 대학에 들어간 후 길모어의 권유에 따라 육상경기에 출전했습니다. 유력한 우승 후보였던 이네스를 제치고 1등을 합니다. 그 후에 참가한 경기에서도 계속해서 에릭 리들이 1등을 합니다. 이 때문에 유명인사가 됩니다. 그러나 에릭 리들의 진정한 관심사는 명성이나 인기가 아니었습니다. 하나님의 나라였습니다. 자신을 통해 하나님의 뜻이 이 땅에 이루어지기를 기도하였습니다.

에릭 리들에게 전도집회의 강사로 와달라는 대학생선교회의 제안이 있었을 때 에릭 리들은 기다렸다는 듯이 제안에 응합니다. 자신을 보기 위해 모여든 사람들에게 예수님을 증거 합니다.

그런 에릭 리들의 전도를 받고 예수님을 믿는 사람들이 생겼습니다. 귀한 결실들을 보면서 기뻤던 에릭 리들은 전도집회의 강사로 계속 나갔습니다. 주중에는 대학에서 공부하고 주말에는 육상경기를 연습하고, 주일에는 교회학교 교사로 바빴습니다. 그러면서도 전도집회 강사로까지 나가게 되니 정말 쉴 틈이 없는 나날이 이어졌습니다.

이런 에릭 리들에 대해 언론이 비판적으로 기사를 썼습니다. 전도활동에만 전념하는 에릭 리들을 영국 육상선수권 대회에 보내는 것은 기차 삯 5파운드만 낭비하는 결과가 될지 모른다는 기사였습니다. 에릭 리들의 주변 사람들도 육상선수권 시합을 마칠 때까지 전도집회를 중단하라고 조언했습니다. 에릭 리들은 단순하지만 단호하게 "제게 육상은 아주 소중합니다. 그러나 그보다 더 중요한 것이 전도입니다. 전도는 하나님의 명령입니다."라고 답했습니다.

1923년 7월, 런던의 스탠포드 경기장에서 에릭 리들은 100야드 경기에 출전했습니다. 9초 7로 영국신기록을 세우며 우승했습니다. 이 기록은 1958년까지 깨지지 않았습니다. 220야드 경기에서도 21초 6으로 우승을 거뒀습니다. 언론의 기사 내용이 바뀌기 시작했습니다. "태풍처럼 달리는 에릭 리들. 도대체 그 힘은 어디서 나오는 걸까? 정말 하나님께서 그에게 힘을 주시는 것 같다."라고 말입니다.

에릭 리들은 더 유명한 인물이 되었습니다. 하지만 여전히 그의 관심을 오직 하나님의 나라에만 기울였습니다. 기도제목은 자신을 통해 하나님의 뜻이 이루어지고 많은 이들이 구원받는 것이었습니다. 이제 에릭 리들이 전도집회 강사로 온다고 하면 사람들이 인산인해를 이루었습니다. 멀리서나마 그의 얼굴을 보려는 사람들로 가득 했습니다. 그렇게 에릭 리들을 보러 왔던 많은 사람들이 그를 통해 예수님을 만나게 되었습니다.

　1924년 파리 올림픽이 열리게 되었을 때 100미터 예선이 주일에 치러진다는 이유로 에릭 리들이 출전하지 않겠다고 선언했습니다. 사람들이 아무리 설득해도 리들은 눈 하나 깜빡 하지 않았습니다. 언론은 다시 리들을 비난하는 기사를 쓰기 시작했습니다. "신앙심이 깊은 척하는 위선자. 조국의 명예를 헌신짝처럼 버린 배신자"라고 불렀습니다. 그때도 에릭 리들은 당당하게 "주일을 지키는 것은 하나님의 명령입니다. 하나님의 명령을 어기면서 금메달을 따는 것을 하나님은 결코 기뻐하시지 않습니다."라고 대답했습니다. 엘릭 리들은 경기장에도 가지 않았습니다. 다른 때와 동일하게 교회에 가서 예배드리고 교회학교 학생들을 가르치고 아이들과 함께 하는 일에 모든 시간을 보냈습니다.

　하나님은 에릭 리들의 이런 믿음의 결단에 복을 주십니다. 에릭 리들은 주일이 아닌 날에 치러지는 경기에 출전할 수밖에 없었습니다. 자신의 주 종목이 아닌 400미터에 출전합니다. 400미터 경기를 특기로 삼는 임바흐, 피치, 호레이스 등의 세계적인 선수들과 경쟁해야 합니다. 에릭 리들은 이 쟁쟁한 선수들 틈바구니에 껴서 처음 200미터를 100미터 달리기를 하듯이 달렸습니다. 400미터를 저렇게 뛰면 안 된다는 전문가들의 우려에도 불구하고 에릭 리들은 나머지 200미터도 맹렬한 기세로 달렸습니다. 마침내 1등으로 들어왔습니다.

에릭 리들은 국가적인 영웅일 뿐만 아니라 세계적인 유명인사가 되었습니다. 어디를 가나 그를 환호하는 소리가 이어졌고 최고의 대접을 받았습니다. 그런데 정작 에릭 리들은 그런 것에 관심을 두지 않았습니다. 중국에 선교사로 나갔습니다. 많은 중국인들에게 예수 그리스도의 사랑을 전했습니다. 먼저 하나님의 나라를 구한 에릭 리들에게 선수로서의 최고 영예도 주셨지만 에릭 리들은 그 영예조차 내려놓고 하나님의 나라를 위해 고난의 길에 뛰어들었습니다.

하나님의 나라를 먼저 구할 때 나머지 것들을 덤으로 주신다는 것은 국가적인 규모에서도 동일하게 적용될 수 있습니다. 1837년 6월, 빅토리아는 18세 나이로 영국 여왕이 되었습니다. 여왕이 된 직후에 그녀가 드린 기도는 솔로몬의 기도를 떠올리게 합니다.

"전능하신 하나님, 제가 영국의 여왕이 되면 당신의 말씀대로 통치하게 해 주소서. 모든 주권이 하나님 아버지께 있사오니 저의 연약함을 자비와 긍휼로 채워주소서. 또 나라를 이끌어 감에 있어 선한 처리를 할 수 있도록 도와주소서."

빅토리아 여왕이 통치하는 64년 동안 영국은 눈부신 발전을 이루었습니다. 산업혁명을 통해 경제가 놀랍게 성장하였습니다. 의회민주주의가 이루어졌습니다. 도덕성과 예절이 강조되는 좋은 문화가 만들어졌습니다. "해가 지지 않는 나라"라는 영국의 별명은 바로 빅토리아 여왕 때 얻게 된 것입니다. 먼저 하나님의 나라를 구하는 것이 얼마나 값진 것인지 잘 보여주고 있습니다.

나오는 글

    기도하면 다 되냐고 묻는 사람들이 있습니다. 저는 확신 있게 대답할 수 있습니다. 기도하면 다 됩니다. 기도는 주문이 아닙니다. 염불 따위가 아닙니다. 혼자 중얼거리는 것도 아니고 막연한 기대와 소망을 드러내는 것도 아닙니다. 기도는 전능하신 하나님의 보좌 앞에 상달되는 것입니다._{계 8:3}. 기도는 능치 못할 일이 없으신 하나님의 역사를 경험하는 거룩한 통로입니다. 기도하는 하나님의 사람들은 하나님이 어떤 분이신지를 알고 그 하나님을 온전히 믿어야 합니다.

    아프리카 여자 선교사님의 글 하나를 인용하려고 합니다. 하나님께서 하나님을 전적으로 신뢰하며 기도하는 것을 얼마나 기뻐하시는지 또한 그런 기도에 얼마나 놀랍게 역사하시는지를 잘 보여주는 글입니다.

어린 소녀의 기도(아프리카 여자 선교사님의 글)

    어느 날 밤이었다. 나는 분만실에서 한 산모를 보살피고 있었다.

하지만 우리의 모든 노력에도 불구하고 그녀는 조그마한 미숙아와 세상이 떠나가라고 울어대는 두 살짜리 딸을 남겨 두고 숨을 거두고 말았다. 그 미숙아의 생명을 유지시키기는 참으로 힘들 것이 분명했다. 우리 병원에는 인큐베이터도 없었고 아기에게 영양을 공급해 줄 수 있는 특별한 기구들도 없었다(사실 당시 우리 병원에는 인큐베이터를 가동할 전기도 없었다).

우리는 적도에 살고 있었다. 하지만 밤에는 생각지도 못하게 불어오는 바람 때문에 으스스할 때가 많았다. 한 간호학교 학생 산파가 이런 아기들을 위해 준비해 둔 상자와 아기를 쌀 면 수건을 가지러 갔다. 또 다른 산파는 물을 끓이기 위해 불을 피웠다. 잠시 후 그녀는 당혹스런 모습으로 돌아와서는 이렇게 말했다.

"선생님, 물을 끓여서 고무 보온병에 넣는 순간 그만 보온병이 터져 버렸어요."
"그런데 그게 저희에게 있는 마지막 보온병이었습니다!"

열대 기후에서는 고무가 쉽게 상하기 마련이었다. 그녀가 소리쳤다. 엎질러진 우유를 놓고 아무리 울어도 소용없다는 서양 속담처럼 이곳 중앙아프리카에서 터진 보온병을 놓고 아무리 울어도 소용이 없을 판이었다. 주전자가 나무에서 자라는 것도 아니고, 숲을 나가면 약국이 있는 것도 아니었다.

_ 나오는 글

"괜찮아요!"

"아기가 안전할 정도로 가능한 한 불 가까이 눕히세요. 그리고 바람을 막을 수 있도록 문과 아기 사이에 누우세요. 당신의 일은 아기를 따뜻하게 유지하는 것입니다."

다음 날 정오쯤이었다. 여느 때와 마찬가지로 나는 자원하는 고아원 아이들과 함께 기도하러 갔다. 나는 어린아이들에게 여러 가지 기도 제목을 내놓았다. 덧붙여 갓 태어난 작은 아기를 위해서도 기도해 달라고 했다. 나는 보온병 이야기를 하면서 그 아기의 체온을 일정하게 유지하는 데 어떤 어려움이 있는지 설명했다.

아기의 체온이 내려가면 아기는 쉽게 죽을 수 있었다. 나는 또한 아이들에게 엄마가 죽어서 울고 있는 두 살짜리 아이에 대해서도 말해 주었다. 기도 시간에 열 살 된 룻이라는 여자아이가 우리 아프리카 아이들이 보통 그렇듯이 무뚝뚝하고 간결하게 기도했다. 룻은 이렇게 기도했다.

"하나님 우리에게 보온병을 보내주세요.
하나님 내일이면 소용이 없습니다. 그 때면 아기가 죽을 겁니다.
그러니 제발 오늘 오후에 보내주세요."

나는 그 대담하고 용감한 기도에 가슴이 미어질 판이었다. 그러나 룻은 마지막에 이렇게까지 덧붙였다.

"그리고 하나님!
보내실 때 저 어린 소녀를 위해 작은 인형도 하나 보내주세요.
하나님이 그 애를 얼마나 사랑하는지 그 애가 알 수 있게 말이에요.
아셨죠?"

아이들과 함께 기도할 때 자주 그렇듯이 나는 한 방 맞은 기분이었다. 내가 정직하게 "아멘"할 수 있었을까? 나는 하나님께서 이렇게 하실 수 있다고 믿지 않았다. 물론 나는 그분이 무슨 일이든 다 하실 수 있다는 것을 알고 있다. 성경이 그렇게 말한다. 그러나 거기에는 한계가 있다.

그렇지 않은가? 내 마음속엔 상당히 큰 "그러나"들이 있었다. 하나님께서 이 특별한 기도에 응답하실 수 있는 유일한 방법은 고향에서 부친 소화물을 나에게 보내시는 것뿐이었다. 하지만 당시 나는 아프리카에 거의 4년을 있으면서 고향에서 소포(소화물)를 받아본 적이 단 한 번도 없었다. 설령 누군가 나에게 소화물을 보낸다고 하더라도 누가 거기 보온병을 넣어 보내겠는가? 난 적도에 살고 있는데!

오후가 반쯤 지날 무렵, 나는 간호사 훈련 학교에서 학생들을 가르치고 있었다. 그때 누군가 들어와서 내 집 앞에 차가 한 대 와 있다고 전해 주었다. 내가 집에 도착했을 때 차는 가고 없고 베란다에 10킬로그램짜리 꾸러미가 하나 놓여 있었다. 나는 눈물이 찔끔

나는 것을 느꼈다. 나는 혼자서 그 꾸러미를 열 수 없었다. 그래서 고아원 아이들을 데리러 보냈다.

우리는 함께 조심스럽게 끈을 하나하나 풀었다. 우리는 포장지를 함부로 찢지 않기 위해 조심스럽게 접었다. 우리는 흥분되기 시작했다. 30-40쌍의 눈동자들이 큰 종이상자에 맞춰졌다. 맨 위 상자에서, 나는 밝은 색 니트 셔츠들을 꺼냈다. 옷을 아이들에게 나눠주자 아이들의 눈동자가 반짝였다. 그다음 상자에는 나환자들을 위한 붕대들이 들어 있었다.

그러자 아이들은 조금 실망한 표정을 지었다. 그다음 상자에서는 건포도가 들어 있었다. 주말에 건포도 롤빵을 만들어 먹으면 딱 좋을 것 같았다. 그다음 나는 다시 자루에 손을 넣었다. 그런데 무언가 잡혔다. 정말일까? 나는 그것을 끄집어냈다. 정말이었다. 상표가 그대로 붙어 있는 고무 보온병이었다. 나는 소리 내어 울었다. 나는 하나님께 그것을 보내 달라고 기도하지 않았다. 나는 하나님께서 그것을 보내 주실 수 있다고 믿지 않았다. 룻은 아이들 맨 앞에 있었다. 룻은 앞으로 달려 나오며 소리쳤다.

"하나님께서 보온병을 보내셨으면 틀림없이 인형도 보내셨을 거예요!"

룻은 상자 바닥까지 뒤적이다가 작고 예쁜 옷을 입은 인형을 꺼냈다. 룻의 눈빛이 빛났다. 룻은 전혀 의심하지 않았다. 룻은 나를 올려다보면서 이렇게 물었다.

"엄마, 저랑 같이 가서 그 아이에게 이 인형을 전해줄래요? 하나님께서 그 애를 얼마나 사랑하시는지 그 애가 알 수 있게 말이에요?"

그 소화물이 배달되는 데는 꼬박 5개월이 걸렸다. 그 짐은 내가 가르쳤던 주일학교 학생들이 보낸 것이었다. 지금 이들을 지도하는 선생님은 적도에 보온병을 보내라는 하나님의 긴급한 명령을 듣고 순종했다. 그리고 그 반 여자아이 하나가 "그날 오후" 인형을 주시리라고 믿고 기도한 10살 소녀의 기도에 응답하여 한 아프리카 아이를 위해 인형도 하나 넣었다.

전능하신 하나님을 있는 그대로 믿고 간구한 아프리카 소녀의 기도는 우리에게 시사해주는 바가 많습니다. 환경, 처지, 장애물, 문제, 상황 등 다양한 것들을 이유로 사실은 하나님께서 응답하실 수 있다고 믿지 못한 채 염불을 외우거나 주문을 외우듯이 기도하는 현대 그리스도인들에게 어떻게 기도해야 할지를 알려주고 있는 것입니다.

하나님은 천지를 창조하신 후 너무 오래 사셔도 늙고 병든 하나님이 아니십니다. 김빠진 콜라처럼 맥없는 하나님이 아니십니다. 하나님은 지금도 생생하게 살아 역사하시는 전능의 하나님이십니다. 그 하나님의 아들과 딸로서 우리 그리스도인들이 세

_ 나오는 글

상 속에서 무기력하게 살아가는 것은 하나님의 이름을 땅에 추락시키는 것밖에 되지 않습니다. 하나님을 믿고 기도하는 것을 응답받으며 살아가는 것은 우리들을 위해서 뿐만 아니라 불신앙에 갇혀 있는 세상 사람들을 위해서도 꼭 필요한 일입니다.

앞에서 응답받는 기도의 비결들에 대해서 말씀드렸습니다. 제 개인적인 경험들을 많이 나누었습니다. 그러나 그 모든 경험들은 하나님의 말씀에 성경에 뿌리를 둔 것들입니다. 말씀을 가까이 하면서 깨닫게 된 원리들을 실천한 것이거나 기도 응답 후 그 근거를 말씀에서 찾은 것들이기 때문입니다. 저에게 기도 응답은 매우 실제적인 것이며 다른 그리스도인들에게도 얼마든지 일어날 수 있는 것들입니다. 기도 응답을 통해 기쁨이 넘치는 신앙생활이 되기를 기대합니다.

지금까지는 너희가 내 이름으로 아무 것도 구하지 아니하였으나 구하라 그리하면 받으리니 너희 기쁨이 충만하리라 _요 16:24

응답받는
기도의 비결
17가지